Karlheinz Büttner (Hsg.)
aus Ludwig Bechstein's Sagensammlung

Der Sagenkranz
der Wartburg

www.ideenteufel.de

Impressum:

Das Werk ist urheberrechtlich geschützt.
Jede Verwertung außerhalb der Grenzen des
Urheberrechts ist ohne schriftliche Zustimmung der
Verfasser unzulässig. Dies gilt insbesondere für die
Vervielfältigung, digitale Speicherung und
Verarbeitung.

© Copyright 2014: www.ideenteufel.de
André Nestler
Karolinenstraße 18 ▪ 99817 Eisenach

Autor: Karlheinz Büttner
Layout, Satz, Grafik, Bildbearbeitung: André Nestler

ISBN 978-3-9813-1591-2

www.ideenteufel.de
Informationen zu weiteren historischen und
zeitgenössischen Publikationen Eisenachs und der
Wartburg finden Sie auf: www.ideenteufel.de

Inhalt

Die Wartburg wird erbaut

Ein mächtiger Herr in Thüringen war Graf Ludwig, auch der Springer genannt. Als dieser einmal am Inselsberge dem edlen Weidwerk nachging, traf er auf ein Wild, das er eifrig verfolgte, immer weiter und weiter bis zu dem Flüsschen Hörsel und bis Eisenach und von dort bis hin zu jenem Berg, auf dem jetzt die Wartburg steht. Hier blieb er, das Wild erwartend, stehen und betrachtete die herrliche Gegend, vornehmlich aber den steilen Felsenberg, dachte bei sich selbst und sprach: „Wart' Berg, du sollst mir eine Burg werden!" Mit großer Lust, auf dem Berg zu bauen, trachtete er auf Mittel und Wege, wie dies zu bewerkstelligen sei, denn der Berg gehörte den Herren von Frankenstein, die nahe dabei schon eine Burg besaßen, der Metilstein[1] genannt, die bereits vor der Wartburg die beste Burg in Thüringen war. Das Stammschloss der Frankensteiner aber stand jenseits des Waldes, unweit von Salzungen, über der Werra.

Graf Ludwig hatte zwölf Ritter bei sich, tapfere, freie Männer. Mit denen beriet er sich, wie er den Berg an sich bringen könnte, und es wurde vereinbart, dass des Nachts vom Schauenberg[2], der dem Grafen gehörte, Erde in Körben auf den Wartberg gebracht und verstreut werden sollte. Als dies geschehen war, schlug der Graf dort einen Burgfried auf, hinter dem er sich verteidigen konnte. Nun kamen die Herren vom Metil- und Frankenstein, vermochten aber dem

---

1   nördlich der Wartburg auf einer Kuppe des Rotliegenden gelegene Burgstelle, die einst eine Burg war
2   auf dem sich die Schauenburg, die Stammburg des aus Franken eingewanderten Geschlechts der Ludowinger befand, von der nur geringe Reste vorhanden sind

Wilhelm Richter, Die Wartburg von Osten, 1690

Grafen auf seiner Felsenfeste nichts anzuhaben. Daher verklagten sie ihn bei Kaiser und Reich, dass er sich das Ihre frevelhaft angeeignet habe. Auf des Reiches Befragen erwiderte Graf Ludwig, dass er die Burg auf seinen Boden gebaut habe. Darauf erkannte das Reich, dass er die Burg behalten könne, wenn dies zwölf redliche Männer beweisen und beschwören könnten. Graf Ludwig rief nun seine zwölf Ritter als Zeugen auf, trat mit ihnen auf den Berg und alle steckten ihre Schwerter in die zuvor heraufgetragene Erde und schworen, dass ihr Herr, Graf Ludwig, auf dem Seinen stünde und dass dieser Boden schon seit alter Zeit zum Lande und zur Herrschaft Thüringen gehört habe. Damit behielt er den Berg.

Dazumal aber herrschte im ganzen Thüringerland eine große Hungersnot und großes Sterben. Durch den Burgbau erhielt das arme Volk sein Brot, um das es arbeitete. Der Graf ließ die Steine zum Bau im Seeberg bei Gotha brechen und herbeifahren, errichtete das Haus und die Kemenaten und Türme. Er wollte sogar die Burg mit Kupfer decken und übergolden lassen; doch das Reich erhob Einspruch, und so ließ er es bei einem Bleidach bewenden. Als nun das Schloss gar köstlich erbaut war, ließ der Graf auch die Ringmauer ausführen, in der heute die Stadt Eisenach liegt; denn zuvor war die Stadt viel weiter von der Wartburg entfernt gelegen und war ein offener Flecken am St. Petersberg zwischen der Hörsel und der Nesse. Zu diesem Mauerbau musste ein jedes Dorf im Thüringerland mit Fuhren und Handreichungen ein Stück Mauer aufrichten, von welcher verschiedenen Arbeit noch heute die Spuren sichtbar sind. So wurde die Wartburg erbaut und das jetzige Eisenach gegründet und mit Mauern umgeben.

Der eiserne Landgraf

Ludwig des Springers Enkel, der Landgraf Ludwig II., war in seiner Jugend gütig und demütig gegen Edle und das einfache Volk, sanft und verträglich. Eben darum aber war er unter seinen Mannen nicht gefürchtet, und es gab unter ihnen viele, die das Land schädigten und das Volk hart bedrückten. Seine Edlen hielten ihn für einen Toren, seine Bürger und Bauern verfluchten ihn dafür, dass sie unter seiner Güte und Geduld immer mehr verarmten. Die Edlen sahen und wussten das wohl, verschwiegen es ihm aber zu ihrem eigenen Nutzen. Sie ließen auch die klagenden Armen nicht vor ihn gelangen.

Nun geschah es, dass der Landgraf einst jagte, wie er es oft zu seiner Kurzweil tat. Dabei verlor er seine

Begleiter, zudem brach die Nacht herein. Nachdem er lange den Forst durchirrt hatte, leuchtete ihm das Feuer einer Waldschmiede in der Ruhl[3] hell entgegen. Er trat hin zu dem Schmied, in seinem grauen Gewand und mit seinem Jägerhorn, und bat ihn um Herberge. Laut fragte ihn der Schmied, wer er sei, und er antwortete: „Des Landgrafen Jäger". Da antwortete ihm der Schmied: „Pfui, pfui, des Kunzenherrn. Wer seinen Namen nennt, sollte allemal den Mund danach wischen." Er schalt weiter übel auf ihn, dann aber sprach er: „Ich will dich gern beherbergen, aber nicht um seinetwillen. Ziehe dein Pferd in den Schuppen; da findest du Gras. Und behilf dich so diese Nacht, denn hier ist kein Bettzeug vorhanden." Der Landgraf tat, wie ihm geheißen war. Der Schmied aber arbeitete hart die ganze Nacht, er brannte und erhitzte das Eisen und schlug dann mit dem großen Hammer darauf ein, dass die Funken nur so stoben. Dabei schimpfte und fluchte er auf den Landgrafen: „Landgraf Ludwig, werde hart, werde hart! Du schmählicher, unseliger Herr, werde hart! Deine Vasallen schmeicheln dir und brandschatzen dein Volk, sie entwinden sich deiner Macht, einer verunrechtet dir die Deinen, ein anderer beraubt sie, sie werden von dem Deinen reich, und du verarmst mit den Deinen. Landgraf Ludwig, werde hart, werde hart!"

So zählte der Schmied all die Ungerechtigkeiten auf, die im Lande begangen wurden und verfluchte den Landgrafen in die Hölle. Der hörte alles mit an, schlief sehr wenig und dachte darüber nach, was der Schmied erzählt hatte. Viel hatte er in dieser Nacht von dem Schmied gelernt. In der Frühe des Morgens ritt er von dannen. Seine Weichheit hatte sich in Härte verwandelt. Von nun an führte er in seinem Lande ein stren-

---

3   das heutige Ruhla im Erbstromtal

ges Regiment und wurde von seinen Vasallen sehr gefürchtet. Das aber wollten einige Ritter und Beamte nicht dulden und verbanden sich untereinander, um sich gegen ihren Herrn zu wehren. Als der Landgraf aus diesem Grunde seine Ritter bestrafen wollte, kam es zu einem harten Streit mit seinen Vasallen. Der Landgraf bezwang sie, nahm sie gefangen und führte sie auf die Neuenburg[4]. Dort bestrafte er ihre Untreue mit Worten. Er sprach zu ihnen: „Zwar wollte ich eure Untreue belohnen, wenn ich das täte, würde man sagen, ich hätte meine eigenen Diener getötet. Würde ich euch aber Geld und Gut nehmen, spräche man übel von mir, und ließe ich euch ungestraft frei, würdet ihr mir auch später nicht gehorchen."

Dann ließ er sie auf einen Acker führen, wo er jeweils vier von ihnen vor einen Pflug spannen ließ und mit ihnen eine Furche ackerte, wobei die Diener den Pflug führten und er selbst mit der Peitsche die vorgespannten Edelleute antrieb, dass sie sich beugten. Oft fielen sie dabei zu Boden, aber er pflügte mit ihnen den ganzen Acker. Danach ließ er zur Mahnung den Acker mit großen Steinen bezeichnen und nannte ihn den Edelacker. Die gedemütigten Edelleute ließ er zurück zur Neuenburg führen, wo sie ihm aufs Neue huldigen und ihm Treue schwören mussten.

Wenn sie nur seinen Namen nennen hörten, seufzten sie. Auch all ihre Freunde in Thüringen und Hessen waren ihm gram und taten ihm zum Verdruss, was sie nur konnten. Da sie ihm auch nach dem Leben trachteten, wovor er häufig gewarnt wurde, trug er fortan einen Eisenharnisch, wenn er in seinem Lande unterwegs war. Darum nannte man ihn nun „den eisernen Landgrafen". Wer ihm nach dem Leben trachtete, oder

---

4   landgräfliche Feste bei Freyburg an der Unstrut

wen von ihnen er bei irgend einer Untat ergriff, oder von welchen er erfuhr, dass sie ihm schaden wollten, die ließ er henken, erwürgen oder aber ertränken.

Des eisernen Landgrafen Seele

Landgraf Ludwig der Eiserne hinterließ einen Sohn, der war der fünfte dieses Namens und der dritte Fürst von Thüringen; den nannte man Ludwig den Milden. Dieser wollte gern erfahren, wie es um seines Vaters Seele stehe. Das hörte ein Ritter an seinem Hofe, dessen Bruder zu Paris studiert und dort die schwarze Kunst erlernt hatte. Zu dem sprach der Ritter: „Erforsche mir, wie es um die Seele des Vaters unseres Herrn beschaffen ist." Darauf beschwor der Schüler den Teufel, damit der ihm sagen solle, was der Ritter ihn fragte. Der Teufel sprach: Willst du mit mir fahren, so zeige ich dir des Landgrafen Seele." Der weise Schüler sprach: „Das wollte ich gerne tun, könnte ich es nur ohne Schaden vollbringen", worauf der Teufel erwiderte: „Ich schwöre es dir bei dem allerhöchsten Gott und bei seinem schrecklichen Gericht, dass ich dich ohne Schaden hin und zurück bringen will." Da setzte sich der Zauberschüler auf des Teufels Hals und fuhr so mit ihm in kürzester Frist dahin, wo die Seele des Landgrafen litt. Und er hörte und sah dort unaussprechlichen Jammer. Ein anderer Teufel aber rief dem ersten zu: „Wer ist der, den du führst?" darauf erwiderte dieser: „Er ist unser Freund; dem habe ich geschworen, dass er unverletzt bleiben soll, und ich soll ihm weisen des Landgrafen Seele." Da warfen sie von einer Grube einen glühenden Deckel, und der Teufel steckte eine Posaune hinein und blies, dass der

Schüler dachte, Himmel und Erde erbebten. Danach schlug eine helle Flamme aus der Grube mit großem Gestank und glühenden Funken; darin schwebte des Landgrafen Seele und sprach zu dem Schüler: „Sieh, hier bin ich nun gegenwärtig, ich armer, unseliger Landgraf, ehemals dein Herr!" Darüber erschrak der Schüler so gewaltig, dass er lange nicht sprechen konnte.

Als er endlich wieder zu sich kam, sagte er: „Ach, lieber Herr, ich bedauere euer großes Leiden. Ich bin zu Euch gesandt von Eurem Sohne, damit ich ihm berichten kann, wie es um Eure Seele steht, und ob er Euch raten und helfen kann." Der Landgraf antwortete: „Meine Lage und Pein hast du gesehen. Wenn mir mein Sohn aus diesen heraushelfen möchte, soll er das Gut und Erbe, das ich den Stiften zu Mainz, Fulda und Hersfeld heimlich und offen geraubt und in meine Herrschaft gebracht habe – er nannte jedes Stück besonders – zurückgeben. Dann könnte ich auf baldige Erlösung hoffen. Wenn dies aber nicht geschieht, muss ich in dieser Grube bis an den Jüngsten Tag leiden, und dann liegt es in Gottes Barmherzigkeit, was er mit mir beginnen will." Der Schüler sprach: „Herr, gebt mir ein Zeichen, damit mir Euer Sohn glauben wird." Und der Geist sagte ihm viele Dinge, die niemand bis auf ihn und seinen Sohn wussten. Danach wurde des armen Landgrafen Seele wieder in die grundlose Grube versenkt, und der Teufel führte den Schüler wieder zurück. Und obwohl derselbe das sichere Geleit des Lebens und der Seele nicht verlor, blieb er doch sein Leben lang gelb und von jämmerlichem Aussehen. Er verkündete Ludwig dem Milden, was er erfahren hatte. Der hätte seinem Vater auch gerne geholfen, aber seine Gewaltigen, die jene Stiftsgüter innehatten, wollten es ihm nicht gestatten, sie sprachen, dass er behalten müsse, was er geerbt habe; wenn er zur Erlösung der Seele Almosen gebe und die Messe lesen lasse, wäre dies das Beste für die Erlösung.

Der Schüler aber schwor der Geisterbeschwörung ab, büßte und wurde Mönch im Kloster Volkenroda[5].

Ludwig der Milde

Landgraf Ludwig war ein erlauchter, frommer Herr, männlich und wacker im Streit, vorsichtig und weise in den Rechten, geduldig und sanftmütig in Widerwärtigkeiten; gegen die Armen gütig und barmherzig. Er ertrug ihr Geschrei und hörte die Klagen, die sie ihm vorbrachten, als ob er ihnen die Almosen von Rechts wegen schuldig wäre. Er nährte sie, kleidete und verteidigte sie, er war ein solch frommer Christ, dass man ihn mehr für einen Mönch hielt als für einen Ritter. Er war allen Menschen gegenüber so gütig, dass man ihn den milden Landgrafen nannte. Einstmals, in dem großen Krieg gegen Herzog Heinrich den Löwen, als der Kaiser ihn mit seinem Bruder Hermann gen Goslar geschickt hatte, gewann er einen Streit mit dem Herzog von Braunschweig auf offenem Feld. Weil er nur wenige Männer bei sich hatte, sah er, dass er wegen des Feindes Übermacht schwerlich einer Niederlage entrinnen konnte. Da gelobte er Gott, wenn er siege, zu Ehren St. Georgs eine Kirche zu bauen, und der Herr half ihm vor dem Feinde.

Danach ließ Ludwig die St. Georgskirche[6] zu Eisenach bauen, sah aber ihre Vollendung nicht mehr. Denn zur selben Zeit sandte der Papst einen Bischof nach Mainz,

---

5   ehemaliges Zisterzienserkloster, unweit Mühlhausen
6   Hauptkirche St. Georg auf dem Eisenacher Marktplatz

der das Kreuz zur Hilfe des heiligen Grabes predigte, damit man dieses wiedergewänne. Und so brachen Kaiser Friedrich, Landgraf Ludwig von Thüringen und Hessen, des Kaisers Neffe, auch Graf Poppo von Henneberg und viele Bischöfe, Äbte, Grafen und Herren, Ritter und Knechte und gemeines Volk zum Kreuzzug auf. Ludwig der Milde vollbrachte manche tapfere Tat; doch er erkrankte, strebte heimwärts und starb auf der Insel Zypern. Die Seinen begruben sein Fleisch; seine Gebeine aber führten sie zurück nach Reinhardsbrunn[7]; dort wurde er an der Seite der Eltern feierlich bestattet. und da er von der Tochter des Herzogs von Österreich, Frau Margarethe, seiner dritten Gemahlin, keine Leiberben hatte, fiel das Land an seinen ältesten Bruder Hermann, den der Kaiser zum Pfalzgrafen von Sachsen machte.

Das Banner des heiligen Georg

Ludwig, der dritte Landgraf von Thüringen, unternahm mit Kaiser Friedrich dem Rotbart einen Kreuzzug ins gelobte Land und verrichtete, indem er sich dem heiligen Georg weihte, dem er zu Eisenach eine Kirche erbaut hatte, viele tapfere Taten. Der ritterliche Heilige soll ihm dabei allein oder mit seiner himmlischen Heerschar immer gegen die Heiden beigestanden haben.

Dafür erhielt der Landgraf von dem Heiligen ein Kreuzesbanner. Und als sich das Heer der Christen einst in großer Not befand und der fromme Landgraf Gott zum Beistand anrief, sah er plötzlich einen stattlichen

---

7   ehemaliges Kloster nahe Friedrichroda, Hauskloster und Grabgelege der Ludowinger, heute mit neugotischem Schloss überbaut

Ritter auf schneeweißem Rosse herbeieilen, dessen Rüstung und Fahne ein rotes Kreuz trug.

Der Ritter steckte die Fahne in die Erde, sprach zu Ludwig: „mit diesem Banner wirst du siegen" und verschwand. Alle bemerkten nun, dass dies der heilige Georg gewesen sei; als aber die übrigen Ritter die Fahne wieder aus der Erde ziehen wollten, konnten sie das nicht vollbringen, allein dem Landgrafen gelang es mit Leichtigkeit. Unter diesem Banner schlug der Landgraf alle Feinde und war ein Hauptstreiter in dem Heere des Kaisers.

Als er später auf der Heimreise auf Zypern erkrankte und verstarb, wurde das Banner auf die Wartburg und später auf das Schloss Tharandt[8] gebracht. Als dies einmal brannte, wollen die Leute die Georgsfahne zum Fenster hinausfliegen gesehen haben; wohin sie gekommen ist, weiß niemand zu sagen.

Der Sängerkrieg auf der Wartburg

Am Hofe des Landgrafen Hermann von Thüringen hatten sich sechs edle und tugendsame Männer zusammengefunden; die konnten hübsche Lieder dichten. Sie erfanden auch neue Gesänge, mit denen sie gegeneinander sangen und stritten. Und weil dieser Liederwettstreit auf der Wartburg über Eisenach geschah, so heißt man ihn noch heute den Sängerkrieg auf der Wartburg.

Der erste Sänger hieß Heinrich Schreiber und war ein guter Ritter; der zweite Walther von der Vogelweide; der dritte Reinhard von Zwetzen, auch Reinmar Zwe-

---

8   bei Dresden

ter genannt; der vierte Wolfram von Eschenbach; diese waren alle ritterliche Mannen und gute Wappner; Biterolf, der fünfte, gehörte zu der Landgräfin Dienerschaft, und der sechste, Heinrich von Ofterdingen, war ein Bürger der Stadt Eisenach, aus einem frommen Geschlechte.

Von diesen sechs Dichtern sagt und singt ein altes Gedicht:

> *Die sechse waren Meister, zu dichten,*
> *Manch Liedlein sie ausrichten,*
> *Mit gar vernünftigen Sinnen*
> *Konnten sie dar beginnen, geistlich und auch weltlich,*
> *Behendiglich und auch zärtlich.*

In ihrem Wettkampfe priesen sie laut das Lob guter Fürsten und vornehmlich das des gastlichen und kunstsinnigen Landgrafen Hermann. Nur Ofterdingen stritt gegen sie alle und pries in seinem Gesange den Herzog von Österreich, hob ihn über alle Fürsten, und so wurden die Dichtungen zuletzt so eifrig und der Liederkampf so ernst, dass beschlossen wurde, dass dem Unterlegenen auf der Stelle durch den Scharfrichter, Meister Stempfel, das Haupt abgeschlagen werden, oder er an einen Baum aufgeknüpft werden sollte, wozu der Landgraf, der dies sonst an seinem Hofe nicht gestattet hätte, wegen ihres kunstreichen Gesanges seine Zustimmung gab.

Nun sangen alle in kunstvollen Weisen gegen Ofterdingen, denn sie hassten ihn, waren neidisch auf seine Kunst und wünschten ihn sich vom Hofe fort. Ofterdingen verglich seinen Helden mit der Sonne und gestand allen anderen Fürsten nur Sternenglanz zu, während die übrigen den Thüringer Herrn über alles erhoben und ihn den Tag nannten, dem die Sonne erst nachfolge. die Worte und Bilder, derer sich die Sänger bedienten, waren nicht schonend und nicht abgewogen, vielmehr derb, verletzend und leidenschaftlich. Endlich schien die Überzahl zu siegen, fünf gegen einen, und Ofterdingen klagte, dass man ihm in Thüringen falsche Würfel vorlege, und sehnsuchtsvoll rief er aus: „Oh, dich entbiet ich her, Klingsor von Ungarland! Und wärst du über See! Auf dich berufe ich mich, dich darf ich auserwählen, deine Meisterschaft ist auserkoren von allen Sängern, und solltest du den Gries des Meeres zählen und alle Sterne einzeln nennen, hilfst du, so bin ich noch nicht verloren! Klingsor muss her; ihm ist des Österreichers Tugend wohlbekannt."

Vier der Meister wollten Ofterdingens Tod; Meister Stempfel wurde beauftragt, sich bereitzuhalten, und schon wollten sie ihn ergreifen, da entfloh er zu Füßen der Landgräfin Sophie, die mit ihren Frauen den Wettkampf beiwohnte, und barg sich in ihrem Faltenmantel. Die Landgräfin erhob sich, hielt schirmend ihre rechte Hand über den Sänger und sprach zu seinen Verfolgern: „Bin ich jemals einem unter euch Abwehr seines Kummers und Zuflucht gewesen, so lasst euren Zorn! Wem von euch ich je die Hand bot, der lässt diesen wohl genesen." Und so sprachen die Kampfrichter: „Euer Wille geschehe, Euch gehorchen wir gern! Mag er den Klingsor bringen; es wird wohl lange dauern, ehe er kommt."

Nun wurde die Frist auf ein Jahr festgesetzt; in dieser Zeit sollte Ofterdingen den Klingsor rufen, und dessen Urteilsspruch wollte man sich fügen, da er in allen Landen berühmt sei. Und Ofterdingen nahm Urlaub vom landgräflichen Hofe und fuhr nach Österreich zum Herzog Leopold, der ihm zuvor viel Gutes erwiesen haben mochte, da Ofterdingen ihn so pries.

Er wurde auch gütigst aufgenommen und wurde mit Geleitbriefen versehen, damit er weiter nach Ungarn ziehen konnte, wo Meister Klingsor weilte.

Meister Klingsor

In Ungarn herrschte ein König namens Andreas[9], ein mildtätiger Fürst, der mit den Ungläubigen in immerwährendem Kampfe lag. Er rüstete jeden mit Gold und Gaben aus, der sein Schwert zur Ehre des christlichen Glaubens ziehen wollte. Er war reich und mächtig und besaß sehr ergiebige Bergwerke, und Gott fügte es, dass des Königs Schatz nicht abnahm, wie viel auch für die stattliche Hofhaltung aufging.

Einst hatten seine Bergleute einen neuen Schacht abgeteuft, fanden aber keine Anzeichen von edlen Metallen, so dass sie, schon mutlos geworden, aufgeben wollten. Da rief ihnen eine Geisterstimme zu: „Habt noch Geduld; ein riesiger Schatz von goldenem Erz liegt in diesem Berge verborgen; den sucht, denn Gott ist eurem König hold und gnädig, und er soll zu seinem Seelenheil den Armen davon desto reichlicher geben. Wir haben lange den Schatz gehütet. Nun ist es uns geboten, ihn euch zu überlassen; darum arbeitet und sucht ihn. Solches offenbart euch der König des Himmels. Und nun schlagt ein ohne Furcht." Als die Bergleute das hörten, schritten sie von Stund an wieder zur Arbeit, auch teilten sie dem König die wundersame Geschichte mit. Der lobte Gott und sandte nach guten Werkleuten aus, die den Bergbau verstanden und betreiben konnten. Unter ihnen war auch

---

9   Andreas II., König von Ungarn, aus dem Geschlecht der Arpaden, regierte von 1205 – 1236

ein Meister, der hieß Klingsor, wohlerfahren in den sieben freien Künsten, den hielt der König hoch, holte sich auch bei ihm Rat. Dafür empfing dieser jährlich dreitausend Mark Silber, dazu Kleider und köstliche Speise, und war berühmt in allen Landen. Er war nicht nur im Bergwesen wohlerfahren und kundig, verborgene Schätze zu finden, er war auch einer der größten Sangesmeister, besaß die Gabe der Weissagung aus den Sternen und verstand trefflich die Zauberkunst. Starke und mächtige Geister waren ihm dienstbar.

Zu diesem kam nun Heinrich von Ofterdingen und offenbarte ihm, wie es ihm auf der Wartburg ergangen war, gab ihm auch die Briefe des Herzogs von Österreich. Nachdem der Meister die Briefe gelesen und des Sängers Erzählung gehört hatte, tröstete er ihn freundlich und sprach: „Sei nur getrost, Geselle, wir wollen das Unglück wohl von dir wenden. Ich werde selbst mit dir fahren, ihre Lieder hören und die Zwietracht schlichten. Doch erzähle mir auch deine Gedichte." Ofterdingen sang dem Meister all seine Lieder vor, die diesem wohl behagten; dann musste der Sänger noch viel von seinen Feinden erzählen. So blieb nun Heinrich von Ofterdingen bei Meister Klingsor. Sie vergnügten sich mit mancherlei Kurzweil, und unbemerkt verging das Jahr, ohne dass der Meister Anstalten zur Reise nach Thüringen machte. Ja, er verzögerte gar die Abreise, bis der Tag herbeikam, an dem die Frist zu Ende war und Ofterdingen am anderen Tage in Eisenach hätte sein müssen. Er klagte, dass er nun als wortbrüchiger Mann nicht mehr nach Thüringen zurückkehren dürfe und die edle Sangeskunst nicht mehr ausüben könne. „Ach, lieber Meister", sprach er, „Lasst mich nicht so jämmerlich von euch scheiden; ich kann und will nicht glauben, dass ihr mich ohne Hilfe ziehen lasst. Klingsor tröstete den Klagenden mild und sprach: „Beruhige dich nur, wir kommen noch rechtzeitig hin. Wir haben starke Pferde und einen leichten Wagen." Er ließ ihn abends bei sich essen, und als er einen Trunk zu sich genommen hatte, sank er in einen tiefen Schlaf. Dann ließ ihn der Meister auf eine lederne Decke legen, legte sich dazu, hüllte sich und Heinrich ein und gebot seinen Geistern, sie beide nach Eisenach in das beste Wirtshaus zu führen.

Sanft und wohl kamen sie in derselben Nacht dahin, in Heinrich Hellgreves Hof, eines Mannes, der nahe am Georgentor, zur linken Hand, wenn man aus der Stadt ging, einen Gasthof betrieb. Ofterdingen erwachte, als der Türmer den Tag anblies, und hörte verwundert die Messglocke von St. Georgen. Er sprach: „Hab' ich nicht schon oft diese Glocke gehört? Dünkt mich doch, ich sei in Eisenach." Lächelnd sprach Klingsor: „Vielleicht träumst du." Ofterdingen wusste nicht, wie ihm geschah. Er sah die Häuser, die Gassen an; er rief verwundert aus: „Ich sehe das St. Georgentor, sehe die Leute hinaus aufs Feld gehen! Gelobt sei Gott, dass wir hier sind! Und dies ist ja Hellgreves Haus!"

Bald gelangte die Mär von der Rückkehr Ofterdingens und Klingsors hinauf zur Wartburg. Da kamen die Sänger vom Schlosse herunter, empfingen den Meister ehrlich, entboten ihm große Geschenke und fragten, wo beide den Abend zuvor gewesen seien und Nachtrast gehalten hätten. Da sprach Ofterdingen: „Wir sind in Siebenbürgen schlafen gegangen, und zur Mettenzeit waren wir hier. Wie das zugegangen ist, weiß ich nicht und vermag es nicht zu sagen."

So gingen nun alle hinauf zum Landgrafenschloss und wurden vom Fürsten und seinem Hofstaat herrlich empfangen.

Meister Klingsor weissagt aus den Sternen und versöhnt die Sänger

Wenige Tage nach seiner Ankunft in Eisenach, und ehe der erneute und entscheidende Liederkampf begonnen wurde, saß eines Abends Meister Klingsor im Garten seines Wirtes. Um ihn waren viele ehrbare Leute von des Fürsten Hof, auch viele Bürger aus der Stadt versammelt, und sie tranken ihren Abendtrunk und baten ihn, er möge ihnen etwas Neues sagen, wie er es immer getan, daher waren sie auch so gern um ihn. Da stand er auf, ging ein Stück von ihnen weg und sah gespannt eine ganze Weile die Gestirne an. Dann sprach er: „Ich will euch eine neue und fröhliche Mär verkünden. Heute in dieser Nacht wird meinem Herrn, dem König von Ungarn, eine Tochter geboren, die soll heilig werden und dem Sohn des Thüringerfürsten ehelich angetraut, und sie wird durch ihre Heiligkeit die Freude und der Trost der ganzen Christenheit sein."

Dasselbe verkündete er anderen Tages mit großer Freude auf der Wartburg auch dem landgräflichen Paar. Die Nachricht erzeugte unter dem Hofgesinde Heiterkeit und Frohsinn. Dem Meister zu Ehren wurde ein schönes Mahl gehalten, und die Kunde von seiner Weissagung ging rasch durch das ganze Thüringer Land.

Danach begehrte Landgraf Hermann, dass Meister Klingsor nun über den Krieg, dessentwillen er hergekommen war, richte. Der Meister sprach im Ritterhause auf der Wartburg vor dem Landgrafen und seinen Herren und Grafen aus, die recht zahlreich an diesem Tag zu Hofe gekommen waren, dass der Tag von der Sonne komme, und wenn diese nicht die Erde

Klingsor weissagt aus den Sternen Elisabeths Geburt

beleuchtete, so wäre kein Tag. So legte er mit vielen schönen Reden den Sängerkrieg bei, dass Heinrich von Ofterdingen recht behielt und sühnte somit den Streit. Nur Wolfram von Eschenbach war noch dagegen, da er am heftigsten gegen Ofterdingen gesungen hatte. Und da Klingsor diesen nicht mit Worten bezwingen konnte, trat er aus dem Palas und rief einen Geist an. Dieser erschien alsbald in Gestalt eines Jünglings, worauf ihn Klingsor zu Wolfram in Gegenwart des Fürsten und seiner Mannen führte und sprach: „Wolfram, ich bin etwas müde geworden; dieser mein Knecht soll für mich eine Weile mit dir reden." Da begannen sie miteinander zu disputieren vom Anbeginn der Welt bis zu der Zeit der Gnaden, als Christus geboren wurde. Nun begann Wolfram vom ewigen Wort zu reden, wie es sich aus dem Vaterherzen ergossen habe und zu Fleisch geworden sei, und wie sich dieses in dem Sakrament des Abendmahls zeige. Und wie er von der heiligen Wandlung des Brotes in den Leib Christi zu sprechen begann, konnte der Geist nicht mehr antworten. Klingsor wunderte sich über derart hohe Reden und glaubte, der Sänger sei so gelehrt, versuche aber, dies vor ihm zu verbergen. Seinen Geist wies er an, herauszufinden, ob Wolfram ein Gelehrter oder ein Laie sei.

Wolfram wohnte bei einem Bürger in Eisenach namens Titzel Gottschalk, der sein Haus auf dem Brotmarkt nahe dem Sulzenborn hatte. Dort bewohnte er mit seinem Knecht eine steinerne, fensterlose Kammer mitten im Hause. Dort erschien des Nachts der Geist, der so furchterregend aussah, dass der Knecht fast ohnmächtig vor Angst wurde. Er fragte Wolfram über die Natur des Himmels, den Lauf der Sterne, die Bewegung der Planeten durch die Himmelsräume, über ihre Kraft und Wirkung und weshalb sie bisweilen nahe und bisweilen ferne voneinander ständen, aus. Dieser konnte jedoch keine Antwort geben, worauf der Geist unter großem Gelächter mit seinem Finger in einen Stein der Mauerwand schrieb: „Wolfram, du bist ein Laie schnipfenschnapf!" und von dannen fuhr. Die Schrift aber blieb feurig in der Wand stehen und war, als sei sie in den Stein wie in einen weichen Käse gedrückt. Alles lief nun herbei und wollte den Stein sehen, wobei sehr viel Licht verbrannt wurde. Darüber erzürnte sich der Wirt sehr, ließ den Stein aus der Wand herausbrechen und in die Hörsel werfen, damit ihn niemand mehr berühre. Meister Klingsor hatte nun seine Schuldigkeit getan; er nahm Urlaub vom Landgrafen Hermann und den anderen Herren, wurde mit köstlichen Kleinodien belohnt und schied mit großem Dank vom Hofe - so wie er gekommen war; niemand wusste, wie.

Landgraf Hermann sendet Boten nach Ungarn und wirbt für seinen Sohn um des Königs Tochter

Landgraf Hermann dachte immerfort an die Weissagung Klingsors, und nach mehr als drei Jahren ließ er Briefe schreiben, worin er für seinen lieben Sohn Ludwig um des Königs innig geliebtes Töchterlein warb. Er rüstete eine stattliche Gesandtschaft aus, Männer und Frauen, vornehmlich die edlen und wohlberedten Ritter Reinhard von Mühlberg, Walther Schenk von Vargula und Frau Bertha, die züchtige und tugendsame Witwe des Ritters Egenolf von Bendeleben, mit drei edlen und schönen Jungfrauen sowie einer Dienerin, von vielen anderen Herren, Dienern und Knechten nicht zu reden. Es waren vier Wagen und dreißig bis vierzig Pferde. Große Ehre wurde ihnen auf der Fahrt nach Ungarn allerorten erwiesen. So kamen sie nach Preßburg, wo der König Hof hielt und fanden ihn dort zusammen mit der Königin und dem Kind Elisabeth.

Sie wurden herzlich empfangen. Sie erregten viel Aufsehen und wurden mächtig bestaunt, als sie am nächsten Tage ihre Botschaft und die Werbung überbrachten, wie ihnen befohlen war. Der König lächelte und sprach, er wolle sich mit den Seinen beraten und ihnen dann eine wohlwollende Antwort geben. Er sandte nach allen seinen Räten und vornehmlich nach dem Meister Klingsor aus. Dieser redete viel zum Lob des Landgrafen, rühmte die Menge seiner Edlen und gleichfalls die Fruchtbarkeit des Landes und sagte: „Es trägt Weizen und Wein, bringt Eisen, Stahl, Kupfer und Salz, ist reich an Fischen und Wild, hat große Wälder und Teiche, gute Dörfer, volkreiche Städte, zwölf Graf-schaften, viele freie Herren, Vasallen des Landgrafen, ohne die anderen Ritter und großen Geschlechter. Das Land ist in der Mitte eben, aber umgeben von Bergen und Wäldern, hat aber auch viele feste Burgen. Der Fürst selbst ist menschlich, schön und weise, sein Sohn ist an allem, was man an jemand in kurzer Zeit gewahren kann, wie ich gewahrte, preisenswert. Des-halb ist mein Rat, ihm Elisabeth anzuvertrauen."

Auf diesen Rat und die Rede Klingsors achtete der König wohl und gab den Gesandten günstigen Bescheid. Nun wurde ein dreitägiges Fest ausgerichtet, dann begehrten die Boten, die Heimreise antreten zu dürfen. Viele reiche Gaben an Gold Silber und Gewändern, an Schmuck und Waffen wurden ihnen vom König und der Königin dargereicht. Der jungen Prinzessin, die damals erst vier Jahre alt war, wurde ein großer Schatz als Geschenk an ihren künftigen Schwiegervater mit-gegeben, goldene und silberne Becher, Kreuze und Kronen, dem Kinde selbst eine silberne Badewanne und eine silberne Wiege, seidene Betten und samtene Decken; auch bat der König die Gesandten, sie möch-ten selbst den Brautschatz bestimmen, den er nach der Hochzeit seiner Tochter senden wolle.

Nie zuvor ward in Thüringen Herrlicheres als dieser Zug gesehen. Mit vier Wagen waren die Boten ausge-zogen und mit dreizehn kehrten sie wieder in ihr Land heim. Jeder Knecht führte neben seinem Ross noch einen Hengst mit köstlichem Zaumzeug, und keiner war darunter, der nicht ein neues Gewand erhalten hatte. Neun Rosse zogen den Wagen, der die Kleider und das Gerät der kleinen Königstochter trug.

Spät am Abend kamen sie in Eisenach an und kehrten im Hellgrevenhof, der besten Herberge jener Zeit, ein, wo sich der Wirt um die Ankömmlinge sehr bemühte.

Die Gesandtschaft kehrt mit der kleinen Elisabeth zurück an den landgräflichen Hof auf der Wartburg.

Der Landgraf und die Landgräfin priesen Gott und begaben sich selbst herab in die Stadt, um die lieben Gäste und ihre Boten zu empfangen, und die Landgräfin blieb über Nacht mit ihren Frauen bei dem Kinde, das bei seiner Amme schlief; der Landgraf aber ritt wieder hinauf zur Wartburg. Früh am anderen Morgen begab sich der ganze Zug zur Wartburg; auch wurden die Edelsten und Besten der Stadt Eisenach auf das Schloss geladen, um das Kind begrüßen zu können. Da wurde im Scherz Hochzeit gehalten und mancherlei Kurzweil getrieben. Die Boten konnten nicht genug erzählen, wie sie wohl aufgenommen worden waren und was der König und die Königin von Ungarn noch alles versprochen hatten, wenn erst die Kinder im heiratsfähigen Alter sein würden, denn Elisabeth war damals, wie schon gesagt, erst vier, Jung-Ludwig aber elf Jahre alt. Das Kind Elisabeth wurde nun auf der Wartburg sittlich und tugendsam erzogen, gleichsam wie eine Schwester des Landgrafensohnes.

Elisabeths und Ludwigs Jugendjahre

Elisabeth wohnte während ihrer Kinderjahre bei der Landgräfin Sophia und der Schwester des ihr zugedachten und verlobten Gemahls, Jungfrau Agnes, auf Schloss Wartburg, wo allezeit der Fürsten Wohnung war. Sie war ein tugendsames Kind und in ihrem Sinne früh dem Himmel zugewandt. Gern lernte sie Gebete und liebte jeden, der sie etwas von Gott lehrte. Ihr kindliches Herz musste bald einen großen Schmerz ertragen, denn es begab sich im zwölfhundertund-zwölften Jahre, als Elisabeth erst fünf Jahre zählte, dass ihre Mutter Gertrud[10], die Königin von Ungarn, von den ungarischen Herren bei ihrem Gemahl fälsch-lich angeklagt und verleumdet wurde, weil einer dieser Herren eine Tochter hatte, die er gern als Königin gese-hen hätte. König Andreas war so verblendet, dass er seiner treuen und unschuldigen Gemahlin das Haupt abschlagen ließ. Darauf soll die Königin Elisabeth im Traum erschienen sein und zu ihr gesprochen haben: „Liebes Kind, ich bin gestorben und leide Pein um die versäumte Zeit, die mir nicht vergönnt war, meine Sün-den abzubüßen. Bitte du Gott für mich, dass er meine Pein verkürze, denn du vermagst das wohl, auch dass er meinen unverschuldeten Tod, den ich schmählich erlitt, mir als Strafe meiner Sünden anrechne." – Als das Kind erwachte, weinte es sehr, erzählte seinen Traum und betete innig und lange für seiner Mutter Seele, bis diese ihm wieder erschien, ihm dankte und ihm sagte, sie sei nun erlöst und auf dem Wege zum ewigen Leben.
Etwa zur gleichen Zeit träumte Landgraf Hermann,

---

10   Tochter Bertholds IV. von Andechs

er stehe auf der Stätte des Eisenacher Femegerichts vor der Stadt und sehe alle verfemten Toten, und diese seien alle zu Jungfrauen geworden, und zu ihm komme die liebe Frau St. Katharina, die er sehr verehrte, und sie sprachen zu ihm: „Hier sollst du uns ein Haus bauen, worin wir auch diese Jungfrauen behalten, so wollen wir dich auch in kurzer Zeit zu uns nehmen." Dieser Traum bewegte den Landgrafen, das Femegericht von dem Kreuzweg vor der Stadt zu entfernen und die Stätte vor das Nikolaitor zu verlegen, an der alten Stätte aber ein Kloster zu Ehren der heiligen Katharina zu erbauen. Das erfuhr auch die Herzogin Imagina von Brabant, eine junge Witwe; da kam sie herbei und verlobte sich und all ihr Gut dem Herrn, half das Kloster zu bauen und auszustatten und wurde seine erste Äbtissin. Bei der Weihe des Klosters durch den Abt vom Kloster Pforte bei Naumburg war auch die junge Elisabeth zugegen. Bald darauf starb Landgraf Hermann und wurde im St. Katharinenkloster begraben.

Die Landgrafschaft fiel nun an den jungen Ludwig, Hermanns erstgeborenen Sohn[11], Elisabeths Verlobten. Er hatte noch zwei Brüder, Heinrich und Konrad, die sich mit geringer Hofhaltung begnügen mussten. Zu dieser Zeit war Elisabeth neun Jahre alt. Ludwig, ihr Verlobter, war ein lieblicher Jüngling, ein reiner junger Fürst von sittlichem und frommem Lebenswandel.

Als er aus der Kindheit in ein verständiges Alter trat, wurde er immer gütiger gegen einen jeden, und alle Tugenden zeichneten ihn aus. Er war schön und wohlgestaltet, mit fürstlichen Gebärden, voll gnädiger Zuversicht, von fröhlichem Aussehen und zartem

---

11   Der erstgeborene Sohn und Elisabeths Verlobter war Hermann, der aber verstarb. Danach war zunächst unklar, ob Elisabeth überhaupt weiter am Thüringer Landgrafenhof bleiben sollte.

Antlitz. Wer ihn sah, der war ihm gut und wohlgesonnen. Dabei war er zurückhaltend in Rede und Gebärden, ehrlich in seinen Worten, treu in seinen Vorsätzen, gerecht in seinem Gericht, großzügig im Belohnen – welche Tugend man auch nennen mag, keine fehlte ihm.

In ihrem zehnten Lebensjahr schon erwählte sich Elisabeth, nach frommer Christen Beispiel, einen Apostel, an den sie sich in ihrem Gebet besonders wandte. So wurde in ihrem Herzen St. Johannes, der Jünger, dem Christus am Kreuze seine Mutter befahl, ihr Schutzpatron. Weil nun das Mägdlein in so jungen Jahren bereits eine so große Frömmigkeit und Demut an den Tag legte, fanden sich bald schon am Fürstenhofe einige, die sie deshalb verspotteten, ja hassten und sich nicht schämten, ihr zu sagen, sie sei mehr eines Bauern denn eines Königs Kind. Ja selbst ihre künftige Schwiegermutter und ihre Schwägerin zeigten sich unzufrieden mit ihrer allzu großen Demut; aber sie ließ weder von dieser noch von ihrem innigen Gebet. Sie hasste allen Schmuck und alle Kleinodien und war nicht zu bewegen, dergleichen zu tragen. Sie war freundlich zu den Armen, weshalb sie viele Schmähungen erdulden musste. Manche rieten, sie wieder zu ihrem Vater zurückzuschicken, denn er habe ihr ja sowieso nicht so viel mitgegeben; sie passe nicht zu dem Landgrafen, und er finde wohl noch eine besser zu ihm passende Braut, denn ein Sprichwort sage, dass man zu seinen nahen Nachbarn freundlich sein und die fernen bekämpfen müsse. Von seinem Schwiegervater könne er, wenn ihm der Feind ins Land falle, wegen der großen Entfernung keine Hilfe erwarten. Das alles und noch mehr solcher lieblosen Urteile bekam Elisabeth tagtäglich zu hören. Die Landgräfin hoffte, Grund zu finden, Elisabeth in ein Kloster zu schicken, und Jungfrau Agnes schämte sich ihrer und sprach, es sei eine Dienstmagd an ihr verlorengegangen; sie wollte, dass Elisabeth tot oder doch zu Hause wäre; sie sei keine Ehre für ihren Bruder, denn es sei weder in Worten noch Sitten etwas an ihr, was sich für Fürstenkinder zieme.

Elisabeth flüchtete sich in ihrem tiefen Kummer zu dem Trost des Gebets. Unglücklich, fern von der Heimat, fern vom Vater, die Mutter tot, sie selbst verachtet und verspottet von allen, die sie umgaben, gab sie ihren Willen in Gottes Hand und vertraute allein auf ihn. Und Gott sah ihren Kummer und fügte es, dass der junge Landgraf sie mehr und mehr herzlich liebgewann. Ludwig sprach allezeit gütlich mit ihr, wenn er sie allein traf, tröstete sie, so gut er konnte, und wenn er über Land zog, kam er nie zurück, ohne ihr etwas mitzubringen, sei es ein Rosenkranz von Korallen, ein Kreuzlein oder sonst ein Kleinod, das sie noch nicht besaß und sie erfreuen mochte. Wenn er dann nach Hause kam, nahm er sie an seinen Arm, ging und sprach mit ihr und gab ihr dabei, was er ihr mitgebracht hatte. Eines Tages nun ritt Herr Walther, der Schenk von Vargula, mit dem Landgrafen, jener Ritter, den Landgraf Hermann mit nach Ungarn gesandt hatte. Diesem tat die Betrübnis und Verachtung, die Elisabeth erfahren musste, sehr leid. Er ritt heimlich heran und bat Ludwig, eine Frage zu erlauben, was der auch gerne erlaubte. So sprach der Schenk: „Lieber Herr, lasst mich wissen, was mit Jungfrau Elisabeth geschehen soll, die ich einst für Euch herbrachte; ob Ihr sie ehelichen oder wieder nach Hause zu ihrem Vater senden wollt, Euch ihrer Demut schämend und das alte Versprechen auflösend." Da wies Ludwig nach dem Inselsberg, der vor ihnen lag, und antwortete: „Siehst du jenen großen Berg? Wäre der auch von Grund auf aus Gold, ich wollte es lieber verschmähen als Elisabeth missen. Sie kehre sich an kein böses Wort; ich gebe sie nicht auf." Der Ritter sprach: „Mein Herr, darf ich der Verkünder dieser Eurer Antwort sein?" Und gütig entgegnete der Fürst: „Sag ihr das ruhig, und zum Zeichen dafür, dass ich das niemals über sie verhängen werde, was mir geraten wurde, bring ihr dieses." Dabei gab er dem Ritter einen in Elfenbein gefassten kleinen Handspiegel, der auf der Rückseite ein zierlich gearbeitetes Kruzifix trug. Als der Schenk der Jungfrau die Gabe und die tröstenden Worte brachte, lächelte sie mild und gütig und nannte ihn dankbar ihren Freund und Vater.

Elisabeths Demut und Erhöhung

Es geschah einst am Himmelfahrtstage, dass die Landgräfin Sophia zu Agnes und Elisabeth freundlich sprach: „Lasst uns heute hinunter nach Eisenach in unserer lieben Frauen Kirche[12] gehen, um die Messe von deutschen Herren singen zu hören und auch die Predigt zu vernehmen. Schmückt euch beide des hohen Festes würdig mit euren Kränzen und kleidet euch in Samt und Seide.

Als dies geschehen war, ging die hohe Frau den Berg hinunter, die beiden Töchter vor ihr her und hinter ihr das weibliche Gesinde. In der Kirche nahmen sie einen Stand ein, dem gegenüber ein Kruzifix stand. Als Elisabeth das erblickte, nestelte sie den kostbaren, reichen Kranz aus ihrem Haar, legte ihn neben sich auf die Bank und fiel auf die Knie nieder. Erzürnt sprach die Landgräfin: „Jungfrau Elisabeth, was fällt Euch ein?

---

12   Die Kirche Beata Maria Virginis (Frauenkirche), später auch Dom genannt, gehörte zur Zeit ihrer Ersterwähnung zum Deutschen Orden.

Elisabeth fällt in der Frauenkirche vor dem Kruzifix auf die Knie und nimmt die Krone von ihrem Kopf.

Wollt Ihr eine neue Regel aufstellen zum Gelächter der Leute? Jungfrauen sollen aufrecht stehen und nicht wie Törichte niederfallen, oder wie die alten Nonnen, die so faul sind, dass sie nicht stehen wollen! Was soll diese Ungezogenheit? Könnt Ihr nicht so lange mit uns stehen, bis wir uns setzen oder auch niederknien? Was richtet Ihr Euch nach bösen Sitten und benehmt Euch wie ein törichtes kleines Kind? Ist Euch der Kranz zu schwer geworden, oder was soll es mit Eurer wunderlichen Art?" Demütig richtete sich Elisabeth auf und sprach zu ihrer Schwiegermutter: „Verargt es mir nicht zu sehr, liebe Frau, denn seht, hier steht, zum Erbarmen anzusehen, das Christusbild, mit Dornen gekrönt, der süße und milde Heiland. Verhöhnt ihn nicht meine Edelstein- und Perlenkrone, wenn ich ihm so üppig gegenüberstehe?"

Und sie begann so heftig zu weinen, dass sie den Mantel mit ihren Tränen benetzte, kniete wiederum nieder, ließ Mutter und Tochter reden und sprach mit

Elisabeths und Ludwigs Hochzeit in der Georgenkirche

Innigkeit ihr Gebet weiter. Teils um kein Aufsehen zu erregen, teils aus Rührung knieten nun auch Mutter und Tochter nieder und mussten mit Elisabeth weinen. Bald bereute die Landgräfin die strafende Rede; nur hätte sie gewünscht, es wäre nicht vor den Leuten geschehen. Es war ihr Wille, dass ihr Sohn ein Weib nehmen solle, dass nicht so schmucklos vor aller Welt erscheint; ihre Schwiegertochter sollte gelobt und nicht verspottet werden.

Doch Ludwig wollte sie nicht verstoßen; dazu hatte er sie zu lieb gewonnen, um sie wegen ihrer Demut auch nur mit einem Worte zu strafen. Er ertrug es gerne, dass sie die eitle Hoffart mied und so Gott freudig diente, und als er danach in der St. Georgenkirche zu Ritter geschlagen worden war, und eine Fehde mit dem Bischof von Mainz ausgekämpft hatte, hielt er mit seiner tugendhaften Jungfrau fürstliches Beilager.

Nun wurde zu einer großen Hochzeit gerüstet, zu der alle Grafen und Herren aus Thüringen und Hessen eingeladen wurden, um an den Gastmahlen und Turnieren teilzunehmen. Festlich wallte der Zug von der Wartburg herab in die Kirche nach Eisenach. Im schönsten Schmuck erschien die Braut, und es führten sie Graf Reinhard von Mühlberg und Ritter Walther von Vargula, die beiden, die sie einst aus Ungarn nach Eisenach geführt hatten und sich diese Ehre nicht nehmen ließen. Nun erst betrachteten sie ihre Reise als vollendet. Eine schöne Messe wurde gesungen; dann ging es wieder hinauf zur Wartburg, wo sich alle Gäste auf das Beste vergnügten. Die jungen Ritter brachen miteinander manchen Speer, und die Braut teilte gemeinsam mit anderen Jungfrauen Preise aus. Drei Tage dauerte die Hochzeit, dann verabschiedeten sich fröhlich die Gäste, Ritter und Damen, und zogen wieder ihrer Heimat zu.

Das erste Wunder an der Landgräfin Elisabeth

Elisabeth liebte ihren Gemahl innig und wurde von ihm gleichermaßen wiedergeliebt; doch vergaß sie darüber nicht Gottes Liebe und Dienst. In jeder Nacht verließ sie ihr Lager, kniete davor nieder und betete inbrünstig. Landgraf Ludwig gestattete ihr das gern. Unter ihren schönsten Kleidern trug sie stets ein härenes Hemd. Den Armen tat sie unaussprechlich viel Gutes und übte sich mehr und mehr in den Werken der Barmherzigkeit. Sie nähte Kleider für die Bedürftigen, untersuchte ihre Gebrechen und heilte sie, wenn sie dazu in der Lage war.
Da ihr Vater erfahren hatte, dass sie Hochzeit gehalten

Wunderbar verwandelt sich Elisabeths schlichtes Kleid vor den Augen ihrer Umwelt in eine prächtige Robe.

hatte, wollte er gerne wissen, wie es ihr gehe; darum beauftragte er vier edle Männer, die beschlossen hatten, eine Wallfahrt nach Aachen zu unternehmen, nach ihr zu sehen. So beschlossen diese, ihren Weg nach Aachen über Franken zu nehmen und zurück durch Thüringen zu reisen. Da sie nun auf der Heimfahrt waren, kamen sie zur Wartburg, um zu schauen, wie es der Tochter ihres Königs ergehe.

Gütig wurden die Gäste empfangen, aber Elisabeth erschien in allzu bescheidenen Kleidern vor ihrem Gemahl, um mit ihm vor die Ritter zu treten, denn sie kleidete sich stets einfach, besaß kein schönes Kleid und hatte selbst ihre Brautkleider zerschnitten, schlicht geändert oder verschenkt. Der Landgraf sprach: „Ach, liebe Schwester, wie schäme ich mich, dass du nun vor diesen Gästen mit deinen Kleidern so ärmlich erscheinst und dich so sehr um die Armen kümmerst, dass du dich selbst vergisst. Die Gäste wollen dich als Landgräfin sehen, und du trittst in so jämmerlichen Gewändern vor sie, dass sie daheim sagen werden, ich ließe es dir an Kleidern mangeln; und nun ist nicht einmal mehr Zeit, dir neue herzurichten, die dir zu unser beider Ehre zu tragen ziemten." Darauf erwiderte Elisabeth: „Beruhige dich, lieber Gemahl! Ich will mich schon bei meinen Landsleuten entschuldigen und meine Kleider so gut zurechtmachen, dass ich ihnen gefallen werde." Die Gäste traten vor das Fürstenpaar. Freundlich lächelnd empfing sie Elisabeth. Herrlich schien sie vor den Augen der Gäste dazustehen. Bunte, seidene Gewänder schienen ihren Körper zu umfließen, Perlen und goldener Zierrat schmückten sie. Ebenso trefflich gefiel ihnen der Landgraf, seine Frau, sein Volk und sein Land, und sehr zufrieden mit dem Geschauten zogen sie nach Hause. Verwundert fragte der Landgraf seine Elisabeth, wie sie dieses Wunder zustande gebracht habe, sie aber antwortete: „Was Gott an mir vollbracht hat, ist ihm ein leichtes. Wer ihm vertraut, dem hilft er." Kurze Zeit später zog der Landgraf mit Elisabeth und unter großem Gefolge nach Ungarn. Mit ihnen waren die Grafen Heinrich von Schwarzburg, Günther von Käfernburg, Heinrich von Stolberg, Gottfried von Ziegenhain, Reinhard von Mühlhausen, Herr Walther, der Schenk von Vargula und andere gute Ritter, auch viele Frauen der Genannten neben edlen Jungfrauen im Gefolge der Landgräfin. Am ungarischen Königshof herrschte große Freude. Der König richtete noch einmal eine Hochzeit aus und beschenkte das Landgrafenpaar mit Gold, Silber, Edelsteinen und Kleinodien, vergaß aber auch das Gefolge nicht. Und wieder musste ein Wagen gebaut werden, der den Schatz tragen konnte. Fröhlich zogen alle wieder nach Hause; Herr und Herrin teilten dort manches mitgebrachte Ross, manches Kleinod an die Ihrigen aus.

Elisabeths Mantel

Um Agnes, die schöne Schwägerin Elisabeths, warb ein Herzog von Österreich und hielt mit ihr auch Hochzeit auf der Wartburg. Der Landgraf stattete sie wohl aus, und das Haus wimmelte von Gästen. Als nun alle in dem großen Speisesaal zu Tisch gehen wollten, vermisste man Elisabeth, die lange auf sich warten ließ. Diese hatte draußen vor der Treppe einen armen Mann gesehen, fast nackt, so dass sie sich wunderte, wie dieser Arme in seiner Blöße in die Burg gekommen war. Flehentlich bat er sie um ein Almosen, und sie antwortete, sie habe schon alles weggegeben, wolle ihm jedoch zu essen geben. Der Arme klagte weiter und zeigte auf seine gebrechlichen und unbedeckten Glieder, bis sie sich erbarmte und ihm ihren seidenen Mantel zuwarf.

Zu jener Zeit war es aber üblich, dass Frauen und Jungfrauen bei Tisch einen leichten Mantel trugen. als sie nun endlich erschien, fragte sie der Landgraf: „Schwester, wo ist dein Mantel?" Sie antwortete erschrocken und verwirrt: „Herr, in meiner Kammer!" Da gebot er einer ihrer Jungfrauen, zu gehen und den Mantel zu holen. Als diese in die Kammer kam, sah sie den Mantel hängen, nahm ihn und trug ihn in den Speisesaal. Der Arme aber war verschwunden und niemand hatte ihn gesehen. Elisabeth dankte Gott und zweifelte nicht daran, dass der Heiland selbst jener Arme gewesen war, der ihr erschienen war wie einst dem frommen St. Martin. Um ihre Mildtätigkeit zu prüfen, hatte er ein neues Wunder an ihr getan. Die Gäste und besonders das Brautpaar feierten fröhlich weiter, und Ludwig freute sich seiner geliebten Elisabeth.

Aus dem himmelblauen Mantel, der mit kleinen

goldenen Bildchen bestickt war, wurde später ein Messgewand gefertigt. Lange noch sollen ihn die Brüder des Barfüßerklosters am Fuße der Wartburg aufbewahrt und als Heiligtum verehrt haben.

Der arme Elias

In traulicher Waldesstille liegt in der Nähe von Eisenach eine kleine Höhle, in der vor langer Zeit ein frommer Einsiedler hauste.

In dem Jahre, als Elisabeth ihr Töchterchen Sophia geboren hatte, musste Ludwig einen Ritt nach der Neuenburg bei Freyburg unternehmen. Während er dort weilte, speiste Elisabeth die Armen, pflegte die Kranken und nähte ihnen Kleider, obwohl ihre Schwiegermutter ihr Tun missbilligte. Unter den Bedürftigen war ein armer Mann namens Elias; dieser war krank und von ungepflegtem Aussehen, aber Elisabeth wusch und reinigte ihn säuberlich, sie hatte auch keine Bedenken,

Elisabeth pflegt in ihrem Bett einen Kranken, aber nur ein Kruzifix ist darin.

ihn nach dem Bad in das Bett legen zu lassen, in dem sie sonst mit ihrem Gemahl schlief. An diesem Tag jedoch kam der Landgraf zurück. Seine Mutter ging ihm sogleich entgegen und sagte spöttisch: „Lieber Sohn, komm mit mir, ich will dir ein Wunder zeigen, das deine Elisabeth vollbracht hat." Damit fasste sie ihn bei der Hand und zog ihn zu dem Bett hin und rief aus: „Nun sieh her, lieber Sohn, damit du der Wahrheit näher kommst! Einen Aussätzigen legt sie in euer Bett, was mich sehr ängstigt, weil du dadurch vergiftet werden wirst." Gott aber öffnete sein inneres Auge, so dass er im Bett nichts weiter sah als einen Kruzifix. Als er den sah, weinte er und wandte sich ab. Da begegnete er seiner Elisabeth, die ihm nachgekommen war, um ihn zu versöhnen, damit er den armen Siechen schone. Er umarmte sie und sprach: „Meine liebe Schwester, halt fest an deinem Glauben und lasse dich durch niemanden beirren. Ich werde deine Milde nie an dir rächen und tadeln."

Darauf ließ Elisabeth am Bergesfuß ein Spital aufführen, dort, wo sich heute der Elisabeth-Brunnen befindet. Etwa dreißig Sieche lebten zu jener Zeit in dem Hause, und da sie nicht imstande waren, den steilen Burgberg zu erklimmen, ging die milde Herrin täglich zu ihnen hinab und brachte ihnen Speis und Trank. Jener kranke Elias aber genas und wurde ein frommer Klausner, der lange noch in jener nach ihm benannten Grotte wohnte und die Menschen, die zu dem heiligen Manne wallfahrten, zur Gottesfurcht ermahnte, im Unglück tröstete und vor Sünden warnte. Gott sorgte durch die Frömmigkeit der Menschen dafür, dass es ihm nie an dem fehlte, was seine bescheidenen Bedürfnisse forderten.

Das Rosenwunder

Einst kam über das Thüringer Land eine große Hungersnot, während der sich die armen Leute von Kräutern, Wurzeln und wilden Früchten ernähren und auch ihre Haustiere, wie Pferde und Esel, essen mussten; an Brot dazu war nicht zu denken. Viele starben Hungers, da sie nicht einmal solche Kost hatten. das ging der Landgräfin Elisabeth sehr zu Herzen. Sie ließ mahlen und backen und das Brot von der Wartburg hinuntertragen, gab auch reichlich Almosen, dass man meinte, sie verschenke den Wert ganzer Burgen und Städte. Die Not ließ sie Tag und Nacht keine Ruhe finden, aber es gab auch wieder Leute, die den Landgrafen gegen die Freigiebigkeit seiner Gemahlin aufzubringen suchten, so dass er ihr wohl riet, nicht allzu freigiebig zu sein.

Nun ergab es sich eines Tages, dass der Fürst in Eisenach weilte, als die fromme Herrin von der Burg herunter zu der Stelle ging, wo sich die Armen und Kranken zu versammeln pflegten, um ihre Gaben in Empfang zu nehmen, jene Stelle, die noch heute die Armenruhe

Elisabeth speist und pflegt die Armen.

41

genannt wird. Ihr folgte eine ihrer liebsten Jungfrauen, und beide trugen unter ihren Mänteln Körbe voller Fleisch, Brot und Eier. Da trat ihnen der Landgraf in den Weg und fragte sie: „Was tragt ihr da? Lasst sehen!" Dabei deckte er den Mantel seiner Gemahlin auf und sah den ganzen Korb voll duftender Rosen. Sie aber war erschrocken, dass sie kein Wort hervorzubringen vermochte. Das bedauerte er, und er begann, ihr freundlich zuzusprechen. Da nahm er mit Staunen wahr, dass über ihrer reinen Stirn wie ein Diadem ein wunderbares Kruzifix erschien. Ungehindert ließ er sie gehen, damit sie die Kranken pflege und Almosen spende nach ihrem Gefallen.

Am Wege, wo sich dies begab, stand ein Baum, in den ein Kreuz gehauen war; der wurde später gefällt und an seine Stelle ein steinernes Bild gesetzt, zu ewigem Gedächtnis.

Dreihundert Arme speiste Elisabeth täglich in jener Zeit, und als der Landgraf von einer Reise zurückkam und seine Amtleute und Schösser ihm klagten, dass seine Gemahlin alles verschenke, sprach er: „Seid ihr deshalb um Gotteswillen nicht gram! Lasst sie Almosen geben und seid ihr selbst dazu förderlich. Wenn wir nur die Wartburg, Eisenach und die Neuenburg behalten. Gott kann uns alles ersetzen, wenn es ihm gefällt."

Das Rosenwunder

Landgraf Ludwig und der Krämer

Landgraf Ludwig war so mild und gütig, dass alle armen Leute Trost und Hilfe von ihm erwarten konnten, und viel wäre von seiner Tugend zu erzählen. Eines Tages war Jahrmarkt zu Eisenach. Den besuchte er zur Kurzweil und besah die Buden der Kaufleute und deren Waren. Da fand er einen Krämer, der einen kleinen Handel mit Nadeln, Fingerhüten, Kindertrommeln und Flöten betrieb. Der Fürst fragte ihn, ob er sich auch von seinem Handel ernähren könne, und dieser antwortete: „Ach gnädiger Fürst, ich schäme mich für meinen kleinen Kramladen, aber ich bin nicht kräftig genug, um mich als Tagelöhner verdingen zu können. Gern würde ich von einer Stadt zur anderen ziehen und wollte mich mit Gottes Hilfe wohl durch diesen Kram ernähren, hätte ich nur freies Geleit." Da überkam den Landgrafen das Mitleid und er sprach: „Wohlan, du sollst mein Geleit haben und in allen meinen Gebieten zollfrei sein. Wie hoch schätzt du den Wert deines Krames ein?" – „Zehn Schillinge, Herr" erwiderte der Krämer. Der Fürst wandte sich an seinen Kämmerer und wies diesen an, dem Krämer zehn Schillinge zu geben und ihn mit einem Geleitbrief zu versehen. Zu dem Krämer jedoch sprach er: „Ich will dein Teilhaber bei der Krämerei werden. Gelobe mir treue Gesellschaft, und ich will dich schadlos halten!"

Da war der Krämer froh und zog weit und breit handelnd umher. Zum neuen Jahre brachte er seinem Handelsgenossen schon Kleinodien mit und legte seinen Kram aus. Der fürstliche Teilhaber nahm davon, was ihm gefiel und kleidete den Krämer in die Tracht seiner Hofdiener. Von Jahr zu Jahr warf der Handel mehr ab, und die Warenmenge wurde so groß, dass sie der Krämer nicht mehr selbst tragen konnte; er kaufte sich deshalb einen Esel, belud diesen mit zwei Körben und zog mit ihm kaufend und verkaufend von Land zu Land.

Bis nach Venedig war der Krämer gezogen und hatte dort kostbare und seltene Kleinodien eingekauft, als er auf der Rückreise nach Würzburg kam, um dort etwas von seinen Waren zu verkaufen, damit er wieder Geld für seine Wegzehrung bekäme. Denn zum neuen Jahr wollte er, wie es bisher seine Gewohnheit gewesen war, in Eisenach sein, um seinen Teilhaber zu entlohnen. Doch einige fränkische Ritter, denen die Kleinodien sehr gefielen, lauerten dem Krämer auf und überfielen ihn, da sie kein Geld hatten, um dieselben zu bezahlen. Er selbst konnte ihnen entfliehen und eilte zu Fuß nach Eisenach, wo er auf der Wartburg seinem Herrn den Verlust klagte. der Fürst aber beruhigte ihn und forderte ihn auf, sich zunächst in Eisenach niederzulassen und abzuwarten.

Dann aber ließ Landgraf Ludwig seine Grafen, Herren, Ritter, Knechte und Landleute zu einer Heerfahrt aufbrechen, zog mit ihnen bis nach Würzburg, um seinen Esel zu suchen. Dabei wurden Felder und Orte verbrannt und großer Schaden angerichtet. Darüber sehr erschrocken ließ der Bischof von Würzburg fragen, was dies zu bedeuten habe. Der Landgraf ließ übermitteln, er suche seinen Esel, den ihm des Bischofs Mannen genommen hätten. Da mussten die Übeltäter den Esel sowie den ganzen geraubten Kram wieder herbeischaffen und ihm, dem Landgrafen, zurückerstatten.

Elisabeth-Brunnen und -Garten

Den Brunnen der heiligen Elisabeth zeigt in Eisenach dem Wanderer jedes Kind. Rein, klar und frisch sprudelt die kleine Quelle am Fuße der Wartburg, selbst ein lebendiger Sagenborn. In unmittelbarer Nähe der Quelle liegt der Garten, in dem, wenn auch nicht für jeden sichtbar, ewig die Wunderrosen blühen.

Oft und gern weilte Elisabeth an dem Brunnen und in dem mit eigener Hand angelegten Garten. Dicht daneben ließ sie das Siechenhaus erbauen. Sie selbst wusch an dem Brunnen die Kleider ihrer Pfleglinge, auch schöpfte sie daraus Fische, obwohl niemand sagen konnte, wie diese in die Quelle kamen. Einst schickte sie eine Magd zu dem Brunnen, um Fische für die Kranken dort zu holen. Ungläubig machte diese sich dahin auf den Weg, tauchte, dort angekommen, den Eimer hinein und zog ihn staunend voller Fische aus dem Felsenquell. Noch viele andere Wunder gelangen Elisabeth durch die Kraft des Glaubens und des Gebetes an dem Brunnen, wegen derer die frommen Menschen der Vergangenheit sie priesen und heiligsprachen. Als sie einmal auf dem Markte zu Eisenach irdene Töpfe, Tiegel und Teller gekauft hatte, um sie in ihr Hospital bringen zu lassen, und der Kärrner den Karren auf dem steilen Wege zur Burg umgeworfen hatte, so dass er gegen eine Felswand stieß, ging nicht ein einziges Stück dabei zu Bruch. Sie heilte Lahme, machte Blinde sehend, und wunderbar mehrten sich in ihrem Schoße die Gaben, wenn sie den Armen, die sie in Scharen umringten, Almosen spendete. Selbst der Regen vermochte ihren Gewändern nichts anzuhaben, und wenn sie den Armen ihre Kleider gegeben hatte und sich mit dem Nötigsten begnügte, fand sie in ihren

Gemächern wieder andere und schönere vor. Wie diese dahin gekommen waren, wusste sie nicht zu sagen.

Landgraf Ludwigs Treue

Der fromme Landgraf Ludwig schaute einst zu Eisenach einem Tanzvergnügen auf dem Plane vor seinem Fenster zu. Da trat einer seiner Diener an ihn heran und sprach: "Herr, seht Ihr dort das stattliche, tanzende Weib?" Dabei zeigte er auf eine stolze und hübsch gekleidete Frau. „Die würde ich Euch wohl in den Arm schicken, wenn Ihr sie begehrt; sie würde Euch schon zu Willen sein." Da aber wurde Ludwig wütend, sah den Diener mit ernster Miene an und sprach: „Schweig, und sprich nie wieder vor mir solche Worte aus, wenn dir meine Gnade und meine Huld etwas wert sind! Ich will meinem Volk kein solches Beispiel geben, denn ich muss ja über diese Menschen richten, wenn sie eines solchen Verbrechens angeklagt werden."

Noch im gleichen Jahre, als Ludwig als Teilnehmer eines kaiserlichen Kriegszuges in Apulien weilte, nahm er über Nacht Herberge bei einem befreundeten Fürsten. Dieser war sehr aufmerksam und erwies ihm sehr viel Freundlichkeit. Am Abend, nach einem köstlichen Mahl mit weiteren fürstlichen Lustbarkeiten wie Tanz und Saitenspiel, ließ ihm der gastfreundliche Fürst ein bequemes Nachtlager richten und eine hübsche, junge Bettgenossin dazu. Als er beim Betreten des Zimmers das Mädchen bemerkte, rief er dem Schenken Ritter Walther von Vargula zu sich und sagte: „Das Weibchen dort in meinem Bett schaffe fort, und bringe es heimlich weg. Gib ihr auch eine lötige Mark Silbers an Geld; dafür soll sie sich einen neuen Rock kaufen. Sage ihr auch, dass ich dem, der sie mir schickte, danke und vor allen Dingen schweige. Und wäre auch Ehebruch keine Sünde gegen Gott und keine Schande vor den Leuten, so wollte ich es doch nicht tun, damit meine liebe Elisabeth nie betrübt sein muss und ihr Gewissen rein bleibt." So wurde ohne Aufsehen das junge Mädchen hinweggebracht und war zudem mit Dank gegen den milden Fürsten erfüllt. Die gleiche Tugend zeigte der Landgraf auch gegenüber einem Ritter, dessen Schloss vor dem Walde lag. Dieser Ritter war nämlich

Landgraf Ludwig sieht einem Tanzvergnügen zu und widersteht der Verführung

von schwacher Natur und hatte keinen Erben, den er sich jedoch sehr wünschte. Mit viel Mühe hatte der sein Weib dazu bewegt, sich dem Landgrafen anzuvertrauen, der unzweifelhaft ihre Ehre bewahren würde, und ritt zu Ludwig, um ihm seinen ungewöhnlichen Antrag zu stellen. Ludwig versprach ihm Hilfe und rief sogleich seine Ärzte, von denen er ein kräftigendes Medikament forderte, das er auch in Form einer Latwerge[13] bekam. Daraufhin veranstaltete er ein Jagdvergnügen, bei dem er sich jedoch von den Jagdgenos-

---

13   musartiges Arzneimittel.

sen absonderte und zu des Ritters Schloss ritt, wo er vortrefflich bewirtet wurde. Dabei gab er dem Ritter etwas aus seiner Kraftbüchse ab und lachte herzlich, als dieser ihn verlegen bat, er möge nicht begehren zu tun, worum er gebeten. Der keusche Ludwig sagte darauf: „Ich bin nicht wegen deines Weibes hierhergekommen, sondern weil ich dich von deiner Schwäche erlösen und deine Ehre unbefleckt erhalten möchte." Danach zog er fröhlich wieder von dannen.

Elisabeths Handschuh

Oft besuchte die fromme Landgräfin die Kirche in Eisenach. Stets versammelten sich dann vor dem Kirchenportal viele Arme und Gebrechliche. Sie wussten, dass Elisabeth jedem eine Gabe spendete. So war es auch an einem Heiligentage, als Elisabeth mit ihrem Gefolge zur Kirche kam. Sie spendete Almosen, so viele sie geben konnte; bis auf einen halbblinden Greis hatte sie alle beschenkt. Dieser drängte ihr flehend bis in die Kirche hinein nach. Doch Elisabeth hatte nichts mehr zu verschenken, und trotzdem bedauerte sie den armen, kranken Mann. Sie zögerte nicht lang, zog einen ihrer reich mit Silber bestickten Handschuhe aus und reichte diesen dem armen Greise. Ein anwesender Ritter trat an den Alten heran und handelte ihm den Handschuh gegen bares Geld ab. Als bald darauf der Ritter zu einem Kreuzzuge in das Heilige Land aufbrach, trug er den Handschuh als Helmzier. wacker schlug er sich mit den Sarazenen, und in jedem Gefecht war ihm seine Helmzier ein schützender Talisman. Nach der glücklichen Rückkehr in die Heimat ließ er in dankbarer Erinnerung das Bild des Handschuhs in sein Wappenschild setzen. Sterbend noch küsste er die Reliquie der heiligen Elisabeth.

Landgraf Ludwig und der Löwe

Landgraf Ludwigs Schwager, der Herzog von Österreich, hatte diesem aus Freundschaft ein seltenes Geschenk gemacht, einen ausgewachsenen Löwen. Diesen hielt der Landgraf in einem mit einem Gitter verschlossenen Kasten. Im gleichen Jahr, in dem Ludwig sich zu einem Kreuzzuge anschickte, geschah es, dass Ludwig, der sehr früh erwacht war, auf den Hof trat, um sein Morgengebet im Freien zu verrichten.

Über seine leichte Bekleidung hatte er nur einen Mantel geworfen. Als er über den Hof schritt, stand plötzlich der Löwe in seiner ganzen majestätischen Gestalt vor dem Landgrafen, der ganz allein und unbewaffnet war. Der Wärter, der den Löwen fütterte und den Käfig reinigte, hatte wohl vergessen, das Türgitter zu verschließen. Der Fürst jedoch reckte die Faust dem Löwen entgegen und schrie den Löwen an. Ganz unvermutet streckte sich der Löwe vor dem Landgrafen auf die Erde nieder und wedelte mit dem Schweife. Der Türmer, der den Schrei seines Herrn gehört hatte, trat auf die Zinne heraus und sah ihn und den Löwen; er schlug Alarm und rief das Hofgesinde samt dem Löwenwärter herbei, der das Tier bald wieder in Gewahrsam nahm. Alle meinten, Gott habe ihren Herrn nur um seiner und seiner Gemahlin Tugend willen vor dem Löwen beschützt und gerettet.

Zum Gedächtnis an diese Begebenheit wurde am Burgtor die Skulptur eines mit einem Löwen kämpfenden Mannes angebracht, wo sie auch heute noch zu sehen ist.

Landgraf Ludwig bricht zum Kreuzzug auf

Um das Jahr 1227 begann eine große Heerfahrt in der christlichen Welt, um den Ungläubigen Jerusalem zu entreißen und das Heilige Grab zu gewinnen. Kaiser Friedrich und mit ihm viele Fürsten, Grafen und Herren nahmen auf Geheiß des Papstes das Kreuz. Landgraf Ludwig empfing es vom Bischof Konrad von Hildesheim im Namen des Heilandes, hielt es jedoch eine Zeitlang vor Elisabeths Augen verborgen, damit sie es nicht bemerken und nicht dadurch betrübt werden konnte. Als nun aber die Zeit herangekommen war, dass er es nicht mehr verheimlichen konnte, tröstete er sie mit lieben Worten und versuchte, sie damit zu beschwichtigen, dass er alles nur aus Liebe zu Jesus Christus tue, und bat sie, ihn deshalb nicht daran zu hindern. Er besetzte sein Land mit redlichen Amtleuten, bestellte in den Städten weise Bürger zu Schultheißen, verordnete den Klöstern treue und gottesfürchtige Vormün-

Ludwig bricht zum Kreuzzug auf.

der und befahl sich einem jeglichen Kloster besonders in seinem Gebet.

Danach zog er, von seiner Mutter, seiner Elisabeth und seinen Brüdern begleitet, über Reinhardsbrunn nach Schmalkalden, wo er sich von ihnen verabschiedete. Viele edle Herren aus Thüringen und dem Hessenland zogen mit ihm, darunter auch viele seiner Vasallen und freie Männer mit dem Tross ihrer Knappen und Knechte. Zudem begleiteten ihn fünf Priester, um ihm und den Seinen in geistlichen Dingen beizustehen. Da das Reiseziel sehr weit war, waren nur wenige Fußknechte mit dabei.

Wie Elisabeth vom Tod ihres Gemahls erfährt

Bereits vor der Überfahrt über das Mittelmeer verschied zu Otranto[14] der edle Landgraf. Unbeschreiblich war unter den Seinen die Trauer und das Wehklagen. Als er sich in Schmalkalden von Elisabeth verabschiedet hatte, hatte er ihr einen kleinen Siegelring gezeigt, in dessen Stein das Lamm Gottes eingeschnitten war, und dabei gesagt: „Liebste Schwester, dieses Ringlein soll dir die Botschaft meines gesunden Lebens oder meines Todes sein, wenn ihn dir jemand bringen wird." Ein Bote wurde nach Thüringen gesandt, um seiner Frau, seiner Mutter und seinen Brüdern den Tod des Landgrafen zu verkünden. Die Verwandten berieten, wie sie der schwangeren Elisabeth die schlimme Nachricht beibringen könnten, und die weise Mutter sprach

---

14   Hafenstadt in der italienischen Provinz Lecce

zu ihren Kindern: „Verbietet bei Leib und Seele dem Gesinde, Elisabeth weder mit Werken noch mit Worten ein Zeichen von der Botschaft zu geben, damit sie nicht in einen für sie und das ungeborene Kind schädlichen Schrecken versetzt wird." So geschah es, dass der Tod ihres Gemahls ihr verborgen gehalten wurde, bis sie das Kindbett verlassen hatte.

Indessen war Sophie zu dem Entschluss gekommen, dass niemand Elisabeth die schlechte Nachricht schonender beibringen könne als sie selbst, ihre Schwiegermutter. Deshalb ließ sie Elisabeth zu sich rufen. Als diese eingetreten war und sich gesetzt hatte, sagte Sophie: „Liebe Tochter, sei jetzt stark und nicht allzu sehr betrübt, was seinem Herrn, meinem Sohne, Widerwärtiges geschehen ist, der sich wie alle die Seinen in Gottes Gnade ergeben hat." Elisabeth glaubte nun vernommen zu haben, dass Ludwig gefangengenommen worden sei, da ihre Schwiegermutter ihr dies so gefasst mitteilte, und antwortete ihrer Schwiegermutter: „Wenn mein Bruder gefangen ist, dann wird er mit Gottes und seiner Freunde Hilfe auch wieder frei werden. Auch mein Vater wird dabei helfen."

Ludwig erkrankt und verstirbt fern der Heimat.

Da aber sprach Sophie: Sei geduldig, allerliebste Tochter, und nimm dieses Ringlein zu dir, das er dir gesandt hat, denn er ist leider verstorben." Elisabeth wurde abwechselnd bleich und rot, sprang auf und lief verzweifelt ausrufend. „Gestorben! gestorben! gestorben!" mit eiligen Schritten im Saal umher. Die Frauen liefen ihr nach, drückten sie auf einen Stuhl und versuchten, sie zu trösten; sie aber weinte bitterlich und klagte: „Ach Herr Gott! Wehe mir elenden Frau! Nun tröste mich der, der Witwen und Waisen mit seiner Gnade nicht verlässt!" Da erwachte auch im Herzen der Mutter von neuem der Schmerz, und sie begann mit dem Hofgesinde ein erneutes trauerndes Wehklagen.

Elisabeth wird von der Wartburg vertrieben

Nachdem nun Landgraf Ludwig verstorben war, suchte Heinrich, sein ältester Bruder, nach Rat.

Denn Ludwig hatte einen Sohn, Hermann, hinterlassen, dem eigentlich durch den Tod des Vaters das Land zugefallen war.

Heinrich jedoch hörte auf schlechte Ratgeber, die ihm rieten, Elisabeth mit ihren Kindern von der Wartburg zu vertreiben und das Erbe des kleinen Hermann selbst anzutreten. Wenn dieser einmal erwachsen sei, so hoffte Heinrich, könnte er ihn mit einem oder einigen seiner Schlösser abspeisen.

Weiter riet man ihm, selbst zu heiraten und einen Erben zu gewinnen. Durch diesen Rat wurde Elisabeth eine weitere tiefe Wunde geschlagen, denn Landgraf Heinrich schickte alsbald seine Boten zu Elisabeth, um sie

Elisabeth wird mit ihren Kindern von der Wartburg verstoßen

zu vertreiben. Er ließ auch verkünden, dass er jedem, der Elisabeth beherbergen und sie unterstützen werde, seine Huld entziehen würde. Die betagte Sophia wollte jedoch Elisabeth und ihren Kindern Schutz gewähren, bis sie selbst mit ihrem Sohne gesprochen habe. Aber die Vollstrecker kümmerten sich nicht um die Worte der Fürstin und gingen daran, die schreienden Kinder mit ihrer Mutter von der Wartburg zu jagen, kaum dass sie ihre eigene Habe mitnehmen durften. Sophia schloss noch einmal ihre Schwiegertochter in die Arme und weinte herzzerreißend um sie und die Kinder.

Keiner der Söhne kam jedoch zur Mutter, um für Elisabeth zu bitten, und so schritt die demütige Landgräfin mit ihren Kindern, nur von drei ihrer Jungfrauen begleitet, aus dem Tor der Wartburg. Als sie in die Stadt kamen, wurden sie wie Arme angesehen, die um Almosen betteln. Der Hellgrevenhof, der sie einst so freudig aufgenommen hatte, blieb ihr nun verschlossen, wie auch jede andere Herberge, denn kein Wirt wagte, sich der Ungnade seines Herrn auszusetzen.

Sie, die sie so viele gespeist, gekleidet und beherbergt hatte, fand kaum noch ein Plätzchen, wo sie ihr müdes Haupt hätte zur Ruhe legen können. Lediglich ein Schankwirt auf der Rolle, einem Platz gleich hinter dem Markte, nahm sie aus Mitleid auf, damit sie tagsüber und in der Nacht dort ausruhen konnten. In dieser Nacht betete sie eifrig, und als sie in der Frühe die Barfüßermönche die Messe singen hörte, ging sie mit ihren Kindern hinaus, pries unterwegs den Herrn für ihre Verschmähung und ließ trotz ihres zerbrochenen Herzens von den Brüdern das Te Deum laudamus singen. Da kein Bürger sie beherbergen durfte und wollte, blieb sie im Kloster der Barfüßer. So mancher Bürger bedauerte sie, und viele beweinten im Stillen ihr hartes Los. Bei den Barfüßern, die getrost den Zorn des neuen Herrn in Kauf nahmen, versetzte sie ihr Geschmeide, um sich und die Kinder ernähren zu können, sie spann und arbeitete, soviel sie nur konnte.

In dieser Zeit geschah es, dass Elisabeth am Markt, am Eingang in die Messerschmiedengasse, über die hohen Schrittsteine lief, die da, wo man von der Rolle nach der Badestube geht, am Eingang in die Messerschmiedengasse, über den Löbersbach, einen kotigen Graben, gesetzt waren. Da begegnete ihr gerade in der Mitte ein altes Bettelweib, dem Elisabeth oft und viele Almosen gegeben hatte; das stieß die unglückliche Fürstin, die ihr nicht ausweichen konnte, in den kotigen Graben. Auch diese Schmach ertrug Elisabeth geduldig und dankte Gott lächelnd, dass sie um seinetwillen so gedemütigt werde.

Endlich erfuhr die Äbtissin Sophia zu Kitzingen von dem tiefen Leid Elisabeths und sandte ihr einen Wagen, um sie abholen und zu sich bringen zu lassen. Später ließ sie auch der Bischof zu Bamberg zu sich kommen, stellte ihr Dienstpersonal zur Verfügung und ließ sie ruhig auf Schloss Bodenstein mit den Ihren ausruhen. Ein Bruder des Landgrafen Ludwig, Konrad, trat in den Deutschherrenorden ein und blieb somit ehelos, der andere, Heinrich Raspe, nahm nacheinander drei Frauen und blieb dennoch kinderlos. So strafte Gott die Grausamkeit, die er an seiner frommen und schuldlosen Schwägerin Elisabeth verübt hatte.

Das Kind von Brabant

Als Heinrich Raspe erbenlos gestorben war, erhob sich ein mächtiger Streit um die Thüringer Landgrafenschaft. Heinrich der Erlauchte, Markgraf zu Meißen, ein Sohn Juttas, der älteren Schwester Heinrich Raspes, hatte bereits Land und Lehen zum größten Teil in Besitz, als ihm dies von Sophia, der ältesten Tochter Ludwigs und der heiligen Elisabeth, streitig gemacht wurde.

Sophias Bruder Hermann war schon tot; sie selbst war die Witwe des Herzogs von Brabant. Sie beanspruchte das Land für ihr Kind, von anderen Bewerbern gar nicht zu reden.

Viele der thüringischen und hessischen Ritter und Herren stellten sich auf ihre Seite, um dem kleinen Heinrich, dem Kinde von Brabant, die Herrschaft zu sichern. In dieser Zeit gab es nicht einmal einen Kaiser in Deutschland, der den Streit hätte schlichten können. So entstand auch großer Unfriede unter den Rittern des Landes, die keinen Herren über sich haben wollten. Die Ritter Herbig von Hörselgau und Hans Atze stahlen Vieh vor zwei Toren von Eisenach und auf den Dörfern und trieben es den Hörselgrund aufwärts. Bald darauf aber folgten ihnen die Eisenacher und die Creuzburger, sandten auch Boten an den Burgvogt auf Schloss Tenneberg, der zu ihrer Hilfe viel Volk aus den Walddörfern sich sammeln ließ. Bei diesem Kriegszug kamen viele Eisenacher um, der Tenneberger Burgvogt wurde gefangengenommen. Damals wurden einige Burgen im Lande erbaut, denn jeder Ritter hätte gern ein eigenes Schloss gehabt. Die von Wangenheim setzten ein festes Haus auf den Kahlenberg, hinter Fischbach gelegen, die von Tulstedt eins auf den Berg, der der Steinforst genannt wird, der Ritter Hermann Stranz baute eine Burg, die Straßenaue genannt, die von Lupnitz bauten die Burg Lichtenwald, die von Kopstedt den Scharfenberg, die von Frankenstein die Wallenburg, einige Ritter an der Werra taten sich zusammen und bauten Brandenfels.

Um Eisenach erhob sich in dieser Zeit mehr als nur eine Burg, denn die Eisenacher Bürger schlugen sich zur Partei des Kindes von Brabant, wozu sie der Ratsherr Heinrich Velsbach bewegte. Wohl hatte der Markgraf die Wartburg gut bemannt, aber die Eisenacher besetzten den Metilstein und belagerten die Wartburg auch von der gegenüberliegenden Seite von der Frauenburg und der Eisenacher Burg aus. Nun war die Zufuhr zur Wartburg unterbrochen. Zudem rief die Herzogin von Brabant noch ihren Stiefsohn, Herzog Heinrich, und den Herzog Albrecht von Braunschweig zu Hilfe. Der Markgraf hingegen unterstützte die Befestigung des Kahlenbergs, half seinem Freund Rudolf von Vargula beim Bau des Rudolfsteins, wovon noch der Wald Rudolfgarten und der Rudolfsborn ihren Namen haben, um den Eisenachern den Weg nach Franken über den gehauenen Stein zu versperren.

Bevor aber der Erbfolgekrieg richtig entbrannte, trafen sich Sophia und der Markgraf Heinrich noch zu Eisenach, um einen Vergleich zu schließen. Die Parteigänger der Herzogin erkannten für Recht und sprachen sich dafür aus, dass Ludwigs Tochtersohn ein näheres Erbrecht habe als der Schwestersohn, der Markgraf.

Der Markgraf reichte Sophia auch die Hand und sprach: „Gern, liebe Base reiche ich dir die Hand, bis ein Kaiser gewählt ist, der über diese Sachen entscheiden kann." Da traten der Marschall Helwig von Schlotheim und andere an ihn heran, zogen ihn zurück, und der Marschall redete auf ihn ein: „Herr, was versprecht ihr da? Wenn es möglich wäre, dass Ihr mit einem Fuß im Himmel und mit dem anderen auf der Wartburg stündet, so solltet Ihr eher den aus dem Himmel nehmen und zu dem auf die Wartburg setzen." Der Fürst wandte sich wieder seiner Base zu und sprach: „Liebe Base, ich muss die Sache noch einmal bedenken und den Rat meiner Getreuen hören." So schied er von ihr, ohne die Rechte des Kindes von Brabant anerkannt zu haben. Er beschwor sein Recht auf Thüringen und zwanzig Eideshelfer mit ihm. Sehr betrübt fing die Herzogin bitterlich an zu weinen, zog den Handschuh, den zuvor die Hand des Markgrafen berührt hatte, von der Hand und rief aus: „O du, der aller Gerechtigkeit Feind ist, ich meine dich, Teufel! Nimm diesen Handschuh samt den falschen Ratgebern!" Dann warf sie ihn in die Luft, und siehe, der Handschuh flog davon und wurde nicht mehr gesehen. Jene Räte sollen später auch keines guten Todes gestorben sein.

Und als einst die Herzogin in die Stadt Eisenach wollte und ihr das Tor nicht aufgetan wurde, nahm sie eine Axt und hieb in das St. Georgentor, dass man noch nach 200 Jahren das Mal des Axthiebes sah.

In einer stürmischen Nacht sammelte Markgraf Heinrich seine Mannen auf der Wartburg, stieg mit ihnen heimlich über Sturmleitern herab durch den Hain dem Metilstein zu, den sie an der hintersten Seite des

Markgraf Heinrich von Meißen und Sophie von Brabant streiten um das landgräfliche Erbe.

Berges, wo er am steilsten ist und wo die hohen Felsen Mönch und Nonne stehen, erstiegen. Sie gewannen die Burg, nahmen die Besatzung gefangen, zündeten die Burg an und zerstörten sie, denn sie lag der Wartburg zu nahe. So fand das wohlgebaute, feste Schloss, das seinesgleichen im Thüringer Land suchte, seinen Untergang. Leicht gewann der Markgraf auch die hölzernen Befestigungen der Eisenacher und der Frauenburg und zerstörte sie.

In derselben Nacht - es war die von St. Pauli Bekehrung - in der der Metilstein erstiegen wurde, berannte der Markgraf auch die Stadt Eisenach. Er hatte Freunde in der Gemeinde gewonnen, als er an die Mauer nahe dem Barfüßerkloster kam. Die Bürger, die dort wachen sollten, sprachen: „Steigt in Gottes Namen herauf; wie lange sollen wir noch im Streit mit Euch liegen!" So gewann er auch die Stadt, tötete etliche der Ratsherren, die ihm abhold waren und seine Rechte nicht anerkennen wollten. Den Ratsherren aber, der ihm der erbittertste Gegner war, Heinrich Velsbach, ließ er auf eine Steinschleuder legen, die vor der Wartburg stand, und den Berg hinab nach der Stadt schleudern. Todesmutig und der Herrin, die er anerkannte, bis in den Tod getreu, rief der wackere Mann, als er durch die Luft flog, mit lauter Stimme aus:

"Thüringen gehört doch dem Kinde von Brabant!"

Landgraf Albrecht will sein Weib ermorden lassen

Neun lange Jahre hatte der Thüringer Erbfolgekrieg gedauert und das Land verdorben, bis man sich darauf einigte, dass Thüringen und Hessen endgültig geteilt werden sollten. Markgraf Heinrich behielt Thüringen, gab aber die Herrschaft darüber in die Hände seines Sohnes Albrecht. Sein anderer Sohn Diezmann erhielt das Osterland, während er selbst Meißen behielt.

Albrecht nahm sich die Tochter Kaiser Friedrichs, Margarethe, zur Frau. Margarethe gebar ihm zwei Söhne, Friedrich und Diezmann, und eine Tochter, die später dem Sohn Herzog Albrechts zur Frau gegeben wurde. Landgraf Albrecht aber verliebte sich in eine der Hofdamen seiner Gemahlin, Kunigunde von Eisenberg, so heftig, dass er beschloss, seine Frau zu ermorden. Für sein Vorhaben dingte er einen Knecht, der mit Eseln Fleisch und Holz aus der Stadt auf die Wartburg zu schaffen pflegte. Dieser sollte sich in der Nacht an Margarethe heranschleichen, sie erwürgen und ihr das Genick brechen. Als Lohn für diese Tat versprach er dem Knecht reichen Lohn, nahm ihm aber auch das

Versprechen ab, niemandem auch nur ein Sterbens-
wörtchen von dem Plan zu erzählen. Der arme Knecht
wurde immer ängstlicher und bedauerte sehr, dass er
niemand um Rat fragen konnte. In seiner Frömmigkeit
dachte er bei sich: "Wenn du deine gütige Herrin tötest,
dann wirst du deines Lebens nicht mehr froh. Gott wird
dir diese Untat nie vergeben. Wenn du aber wegläufst,
wird dein Herr fürchten, dass du ihn verrätst, wird dich
verfolgen und dich erschlagen lassen. Wahrscheinlich
wird er dann verbreiten, du habest gestohlen, so dass
deine Freunde und Verwandten durch dich in Schimpf
und Schande kommen. Und weigerst du dich, sie zu
töten, wird er dich auch umbringen lassen und seiner
Frau wird er dennoch nach dem Leben trachten, sie
muss trotzdem sterben." Vierzehn Tage lang hatte der
arme Mann keine Ruhe, einmal wollte er die Tat vollbringen, ein andermal schlug er sich diese Gedanken
wieder aus dem Sinn. Landgraf Albrecht merkte bald,
dass der arme Knecht die Ermordung seiner Frau verzögerte, und stellte ihn zur Rede. Nochmals versprach
der Knecht, die Tat nicht länger hinauszuschieben.

In der Nacht schlich er in die Schlafkammer der Landgräfin, fiel auf ihre Decke nieder und flüsterte: „Liebe
gnädige Frau, schenkt mir mein Leben!" Sie fragte
erschrocken: „Wer bist du?" Er nannte seinen Namen
und sie fragte weiter: „Warum fliehst du denn zu mir
und bittest um Gnade?" Darauf antwortete er: „Frau,
ich soll Euch das nehmen, worum ich Euch bitte."

Sie sprach: „Bist du betrunken oder verrückt?" Er
sprach weiter: „Wie dem auch sei, seid gnädig zu mir
und hört mich in Ruhe und Geduld an, sonst müssen
wir beide sterben." – „Warum?" fragte die Landgräfin.
Er sprach: „Mein Herr hat mir befohlen, Euch zu töten.
Das will und kann ich aber nicht; lieber würde ich mit
Euch sterben. Wenn ihr wüsstet, wie wir beide am

Leben bleiben könnten, wäre das noch besser für uns." Bestürzt schickte die Landgräfin den Knecht zu ihrem Haushofmeister, Rudolf von Vargula, und ließ ihn zu sich bitten. Als er erschien, fragte sie ihn unter Tränen um seinen Rat. Er riet ihr, alles was sie an Geschmeide, Geld und Kleidern hätte, zusammenzupacken. Dann würde er ihr helfen, von der Wartburg zu entkommen. Heimlich wurden eine Hofdame und die Haushofmeisterin geweckt, die Margarethe halfen. Dann ging sie in das gemalte Haus beim Turm, in dem ihre beiden Söhne schliefen, einer eineinhalb, der andere dreieinhalb Jahre alt. Sie fiel vor dem älteren auf die Knie, in ihrer großen Betrübnis biss sie ihn bei der Umarmung in die Wange. Als sie es bei ihrem kleinen Sohn ebenso machen wollte, schritt der Schenk von Vargula ein. Unter Tränen sagte sie: „Ich will sie zeichnen, damit sie an dieses Scheiden denken, solange sie leben."

Im Ritterhause drehten derweilen die beiden Frauen der Landgräfin Seile, mit denen sie zunächst ihre Herrin, dann den Knecht und zuletzt sich selbst aus einem Fenster im Kämmerchen des Knechtes auf dem Gang über der Mauer von der Burg herabließen. Dann stiegen sie in finsterer Nacht von dem steilen Fels hinab ins Tal und durch den Wald davon. Als am anderen Morgen die Landgräfin vermisst wurde, schickte man auch an Diezmann einen reitenden Boten, um diesem das Ereignis zu melden. Als ihn die Nachricht ereilte, hielt Diezmann gerade Hof zu Landsberg im Osterland, aber er reiste sogleich zu seinem Bruder nach Thüringen ab, denn er fürchtete, dass dieser seiner Geliebten wegen auch die Kinder aus dem Wege räumen würde, wie er es mit seiner Gemahlin im Sinn hatte.

Auf der Wartburg angekommen, sprach er: „Lieber Bruder, ich habe wohl vernommen, dass Euch Eure Frau davongelaufen ist. Warum tat sie das?" Darauf antwortete Albrecht: „Sie hat mich lange Zeit mit einem Liebhaber betrogen. Als sie bemerkte, dass ich davon wusste, ist sie mit ihrem Buben auf und davon gerannt." Diezmann erwiderte: „Lasst sie fahren und schert Euch nicht darum! Die Kinder aber gebt mir mit, dann werdet Ihr nicht so oft daran erinnert." Und so nahm er die Kinder mit sich, denn selbst hatte er keine.

Friedrich mit der gebissenen Wange

Als die beiden Söhne Albrechts, den die Geschichtsschreiber den Unartigen oder Entarteten nennen, herangewachsen waren, kamen sie, um sich mit ihrem Vater, vor dem und dessen Geliebter sie einst von der Wartburg geflohen waren, wegen des ihnen und ihrer Mutter zugefügten Unrechts, auseinanderzusetzen.
Viele Grafen und Ritter hielten zu den jungen Herren, andere zu Landgraf Albrecht. In diesem Streit nahmen die jungen Herren den besten und vertrautesten Ratgeber des Landgrafen, einen Bischof des Deutschherrenordens, samt seinem Gesinde gefangen und brachten sie auf das Schloss der Junker von Schlotheim[15], die zu Friedrich und Diezmann hielten. Nun versuchte Albrecht, einen oder beide Söhne in seine Gewalt zu bekommen, was ihm auch mit Hilfe des Grafen von Käfernburg in einem Kampf bei Weimar gelang, in dem der junge Landgraf Friedrich gefangengenommen wurde. Friedrich wurde auf die Wartburg gebracht, wo ihn sein Vater in einen tiefen Turm sperrte, in dem er ihn einfach verhungern lassen wollte. Aber heimlich wurde er mit Nahrung versorgt. Ein Jahr lang lag Friedrich mit der gebissenen Wange im Verlies, wo er mit

---

15   Ort bei Mühlhausen

seinen Fingernägeln ein Kruzifix in das harte Gestein grub. Und endlich gelang es einigen seiner Freunde, heimlich auf die Wartburg zu kommen und ihn zu befreien. Im Jahre darauf starb der Onkel der beiden jungen Landgrafen, denen nun das Osterland zufiel. das wurmte Albrecht sehr, denn eigentlich hätte er als Bruder diese Erbschaft antreten können. Als noch ein Jahr später Heinrich der Erlauchte, der Markgraf von Meißen, starb, dessen Land und Besitz schnell von Friedrich eingenommen wurde, wobei ihm die Edlen des Osterlandes und viele Thüringer Herren beistanden, wurde Albrechts Hass gegen seine Söhne noch heftiger. Schon mehrere Jahre währte der Krieg, als König Rudolf in das Land kam. Er sandte nach Albrecht und seinen Söhnen, um sie miteinander zu versöhnen. Friedrich sollte Meißen und Diezmann das Osterland behalten, jedoch untertänig ihrem Vater gehorchen, wie es frommen Kindern zieme. Friedrich mit der gebissenen Wange aber sprach: „Das alles würde ich auch tun, dächte ich nicht an den Biss, den mir meine betrübte Mutter zufügte, als sie von mir scheiden musste, wovon ich noch die Narbe trage; das kann und will ich nicht vergessen." Damit war die geplante Versöhnung gescheitert, zumal auch Albrecht seinen Söhnen gegenüber sein Versprechen nicht halten wollte, vielmehr hätte er sie gern um Land und Leute gebracht, um es dem Sohne Apitz, den er mit der schönen Kunigunde von Eisenberg unehelich gezeugt hatte, zuwenden zu können. Auch lebte seine Ehefrau Margarethe noch, deren Söhne und mit ihnen viele Edle und Städte dem Apitz nicht Folge leisten und ihn für ihren Herren ansehen wollten. Albrecht ließ nun den Sohn seiner Geliebten durch König Rudolf für ehelich erklären und gab ihm auch den bunten thüringischen Löwen mit einem Helm über das Haupt gestützt in sein Wappen.

Albrecht mußte aber ein Schloss nach dem anderen verkaufen, um Kunigunde und ihren Sohn Apitz versorgen zu können, räumte diesem sogar sein Schloss Tenneberg ein und verkaufte sogar, nachdem Rudolf gestorben war, dem neuen Kaiser Adolf von Nassau, dem es sehr an Land gebrach, um seine Macht behaupten zu können, das ganze Land Thüringen um zwölftausend Mark Silbers. Jenem Kauf widersprachen aber die Markgrafen Friedrich und Diezmann, zumal auch die meisten Grafen und Ritter niemandem huldigen wollten, solange sie noch lebende Erbherren hätten. Das gleiche taten auch die Städte kund.

Nun sammelte Kaiser Adolf in seinen Erblanden und im Rheingau Kriegsvolk und fiel damit in Thüringen ein. Sein Heer verdarb Land und Leute, beraubte Kirchen und Klöster, schändete Jungfrauen und trieb gottlosen Unfug. Viele feste Schlösser und Städte wurden gestürmt und erobert. Lediglich die Wartburg sollte der Landgraf bis zu seinem Tode behalten, dann sollte auch diese dem Kaiser zufallen. Die jungen Markgrafen schlugen sich tapfer und ritterlich gegen des Kaisers Übermacht, fügten ihm sogar einige Schlappen zu.

Friedrich mit der gebissenen Wange war immer dabei und bewies in allen Kämpfen einen solchen Mut, dass man ihn später öfter den Freidigen, als den Gebissenen nannte.

Friedrich der Freidige wirbt eine Braut

Während der Kriegshändel zwischen Kaiser und den Markgrafen starb auf der Wartburg Kunigunde von Eisenberg, die große Schuld an dem Streit zwischen Landgraf Albrecht und seinen Söhnen trug.

Sie hatte das Kloster St. Katharinen vor Eisenach zu ihrer Begräbnisstätte bestimmt und aus diesem Anlass das Dorf Langenhain[16] vermacht.

Noch vor ihrem Tode war sie eine große Büßerin geworden und hatte ihre Sünden bereut. Im gleichen Jahre war auch Apitz, der Sohn Albrechts und Kunigundes, verstorben und war bei seiner Mutter begraben worden. Alle Fehde hätte nun ein Ende haben können, aber Albrecht nahm, seinen Söhnen zum Trotz, wieder eine Frau, Adelheid, die Witwe des Grafen von Arnshaugk, die nur eine Tochter im Alter von 14 Jahren, Elisabeth, hatte. Diese war ein holdes, anmutiges Mädchen.

Albrecht hielt auf der Wartburg Hochzeit, mit ihm seine Anhänger, derer es aber nicht mehr allzu viele waren. Er konnte ein stattliches Mahl ausrichten, denn Adelheid brachte eine reiche Mitgift in die leeren Truhen Albrechts.

Recht bald vernahmen auch die Söhne Albrechts davon, denn Friedrich hatte gerade Gotha eingenommen und hielt sich dort auf. Da begab es sich, dass Elisabeth von der Wartburg, wohin sie ihre Mutter begleitet hatte, mit ihren Jungfrauen nach Arnshaugk zurückreiste, das nahe bei Neustadt an der Orla liegt.

Auf dieser Reise hatte der junge Friedrich sie gesehen und war in Liebe zu ihr entbrannt. Er zog ihr mit einigen Getreuen nach und legte sich in einem Hain unterhalb der Burg auf die Lauer. An einem Heiligentag trat Elisabeth mit wenigen Dienern und Jungfrauen aus der Burg, um nach Neustadt zur Messe zu gehen. Da brachen Friedrich und seine Begleiter aus ihrem Versteck hervor, Friedrich hob Elisabeth auf seinen Hengst, seine Begleiter ergriffen ihre Dienerinnen, und rasch ritten sie von dannen.

Elisabeth war sehr aufgebracht, aber Friedrich wus-

16   bei Gotha

ste sie bald zu beruhigen. So war sie zwar auf dem Schlosse Grimmenstein[17] gefangen, wurde aber mit aller Ehrerbietung im Kreise ihrer vertrauten Dienerinnen behandelt.

Friedrich der Freidige ließ eiligst seiner Stiefmutter einen Brief schreiben, in dem er ihr mitteilen ließ, dass er ihre Tochter nach Gotha entführt habe, aber nicht aus Untugend, sondern weil er sie zu heiraten wünsche. Sie, seine Stiefmutter, möchte er gerne wegen ihrer Frömmigkeit und Tugend zur Mutter haben.

Er fürchtete, dass sein ihm feindlich gesinnter Vater ihm mit aller Macht hinderlich sein werde, wenn er von seinem Wunsche erfahre. Deshalb habe er seine Werbung gleich mit der Entführung der Erkorenen begonnen. Elisabeths Mutter fand in allem, was vorangegangen war, Gründe genug, ihre Einwilligung nicht zu versagen, und so richtete Friedrich nach dem Bartholomäustage eine herrliche Hochzeit aus, bei der alle zugegen waren, die zu ihm und seinem Bruder hielten. Der Abt von Reinhardsbrunn führte die beiden bei der Trauung zusammen.

Die Burg Klemme

In Eisenach stand früher auf dem Platze, wo sich jetzt das Theater, das Gerichtsgebäude und die beiden davorliegenden Schulen befinden, ein festes Schloss, dessen Ursprung und Name weit in die Vergangenheit zurück reichen. Es war die Klemme, eine Zwingburg, die Markgraf Heinrich der Erlauchte, nachdem er die Stadt erobert hatte, erbauen ließ, um die Einwohner

---

17   in Gotha, später Schloss Grimmenstein

durch die Mannschaft der Burg im Zaum zu halten. Sie war daher bei der Bürgerschaft besonders verhasst.

In der Zeit, als die jungen Markgrafen immer mächtiger wurden, Eisenach und der Wartburg immer näher rückten und die Eisenacher und ihre Helfer immer heftiger bedrängten, fürchteten diese mit Recht, wenn die Markgrafen durch Gewalt oder Verrat Herren der Klemme würden, könnte die Stadt abermals in arge Bedrängnis geraten. Deshalb ruhten sie nicht eher, bis Landgraf Albrecht und die kaiserlichen Vögte die Erlaubnis erteilten, die verhasste Zwingburg abzureißen. In ihrer Wut rissen die Bürger dabei auch die beiden Türme der Frauenkirche ab, die an die Stadtmauer grenzten und ihnen, den Bürgern, bei der Verteidigung der Stadt von der Stadtmauer aus im Wege waren. Der Protest der Domherren nützte nichts, sogar die Glocken wurden hinweg genommen, so dass lange nicht mehr zum Gottesdienst geläutet werden konnte.

Später mussten sie jedoch die Zwingburg Klemme wieder aufbauen, den Domherren manche Freiheit gewähren und Gott und der Kirche manche Buße tun. Im Laufe der Zeit erfuhr die Klemme noch manche Veränderung, sie wurde Jagdschloss, Vorwerk, Marstall, Kaserne und Gefängnis, und machte in letzterer Funktion ihrem Namen wieder Ehre.

Die Burg Klemme

Die Landgrafenschlucht

Wenn man aus Eisenach heraus durch das Mariental wandelt, die Straße entlang, die schon seit langer Zeit die „Straße über den gehauenen Stein" heißt, deshalb, weil Felsen gehauen und gesprengt werden mussten, um hier einen sicheren Weg zu bahnen, führt ein schmaler Weg am Anfang des gehauenen Steines durch einen engen Gang in eine melancholische und düstere Felsengrotte. In ihrer Mitte sind Bäume emporgewachsen, deren Blätterdach dem Tageslicht den Zutritt verwehrt. Aus dem Hintergrunde rauscht ein Bächlein aus dem moosüberwachsenen Gestein und mehrt die Kühle des Felsengrundes.

Vier Wochen nachdem die Eisenacher Bürger die Klemme und die Türme der Frauenkirche geschleift hatten, sandte Adelheid, der langen Fehden zwischen ihrem Gatten und den beiden Söhnen müde, ihrem Schwager, den sie sehr liebte, eine Botschaft zu, in der sie ihm Mittel und Wege nannte, wie er die Wartburg und die Stadt Eisenach einnehmen könnte. Da kam Friedrich der Freidige heran, und mit ihm 15 tapfere Gefährten, und verbarg sich einen Tag lang in der Grotte, die seither auf alle Zeiten Landgrafenschlucht heißt. Als es Nacht geworden war, traten sie aus ihrem Versteck hervor, erstiegen die Höhen gegenüber, gingen den schmalen Pfad unter der zerstörten Sophienburg, auch Viehburg geheißen, entlang und erklommen den Wartberg. Oben angekommen, wurde ihnen geholfen, die Mauer zu ersteigen. Ohne Schwertschlag hatte der Markgraf seinen Vater gefangengenommen und verhandelte so mit ihm, dass er anderen Tages die Wartburg räumen musste. Albrecht der Unartige zog nach Erfurt und begabte die Stadt mit vielen umliegenden Dörfern, dafür mussten ihm die Erfurter freie Unterkunft für zwölf Personen geben, solange er lebte. Friedrich aber behauptete die Wartburg, ließ seine Gemahlin zu sich kommen, und auch seine Schwiegermutter blieb gern bei ihm und ihrer Tochter. Als die Eisenacher vernommen hatten, dass Albrecht die Warburg verloren hatte, erschraken sie sehr, sandten Eilboten an den Kaiser ab und umstellten mit den kaiserlichen Vögten die Burg, damit niemand mehr hinein oder hinaus gelangen konnte. Sie fällten auch die Bäume des Haines, um freie Sicht zu haben. Von dem jungen Landgrafen wollten sie nichts wissen, der die Wartburg in den besten Verteidigungszustand setzen ließ.

Der Taufritt

Als der König vernahm, dass die Wartburg in Friedrichs Hände gefallen war, sandte er Boten nach Mühlhausen, auch nach Erfurt, und forderte die Städte zur Hilfe gegen die Wartburg auf.

Da wurde es laut rings um den Wartberg. Mit des Königs Streitern zog der Graf von Weilnau, der königliche Hauptmann über Thüringen heran, besetzte die Eisenacher Burg und schlug mitten auf dem Berg einen hölzernen Bergfried auf. Die Eisenacher mussten in das harte Gestein eine Blidenstatt treiben, die zwischen der Eisenacher und der Sophienburg liegt und mit einer Steinwurfmaschine (Blide) ausgestattet wurde. Die Erfurter Hilfstruppen lagerten sich hinter die Eisenacher, etwa dem Rudolfsbrunnen gegenüber, die Mühlhäuser lagerten vorn am Berg, nahe beim Bergfried des Königs, die von Nordhausen schlugen ihr Lager im Liliengrund auf, in der Nähe der

Egidienklause unterhalb der Wartburg. Von all diesen Lagern sind heute noch Spuren vorhanden. Auch der zerstörte Metilstein wurde wieder besetzt. Tag und Nacht setzten die Besatzer der Wartburg zu, allein die Erstürmung gelang nicht, lediglich mit der Steinschleuder konnte man den Belagerten etwas anhaben. In der Abgeschnittenheit von der Welt gebar Elisabeth ihrem Gatten ein Töchterlein. Aber es war kein Pfaffe auf der Burg, der das Kind hätte taufen können. da wurde in der Nacht das Burgtor geöffnet und heraus ritt, umgeben von zwölf tapferen Kampfgesellen, Landgraf Friedrich und mit ihnen eine Amme mit dem acht Tage alten Kind. Sie ritten den Berg hinab, an der Stadt vorbei, über den Gaulanger und über den Sengelsbach. Da erst alarmierten die Wächter die Eisenacher. Scharf ritten Friedrich und seine Gefährten dem Schlosse Tenneberg zu, als sie merkten, dass sie von vielen Feinden verfolgt wurden. Noch schneller führte die Flucht über Berge und durch Täler, bis das Kind zu schreien begann. Da ließ die Amme ihr Pferd langsamer traben und die Ritter an sich vorbeitraben, nur Friedrich blieb hinter ihr und fragte besorgt: „Was fehlt dem Kind?" - „Herr", sprach die Amme, „es bleibt nicht ruhig, wenn es nicht trinken kann." „Halt!" donnerte da des Landgrafen Stimme den Seinen zu: „Meine Tochter soll trinken, und koste es das ganze Thüringerland!" Nun scharten sich alle um die Amme, die das Kind stillte. Es glückte Friedrich auch, dass währenddessen die Feinde ihn und seine Begleitung nicht aufspürten, obwohl sie so nahe waren, dass man den Hufschlag ihrer Pferde hören konnte. Als sie ihn noch zwei Meilen Weges verfolgt hatten, gaben sie auf und kehrten um, und er kam unbehelligt noch vor Tagesanbruch nach Tenneberg.

Dort taufte der Abt von Reinhardsbrunn das Mädchen;

es wurde auch Elisabeth genannt. Der Landgraf ordnete an, dass die Amme mit dem Kinde zunächst auf Schloss Tenneberg bleiben sollte und empfahl sich, damit er die Wartburg und sein Weib mit ihrer Mutter nicht verliere, und sie nicht Mangel und Hunger litten, zu seinem Schwager, dem Herzog zu Braunschweig, den er um Hilfe bat.

Friedrich speist die Wartburg und macht Frieden mit den Eisenachern

Schnell kehrte der Landgraf in sein Land zurück, wohl wissend, dass auf der Wartburg Not herrschen musste. Mit ihm kam der Herzog von Braunschweig mit viel Volk, Friedrichs Bruder Diezmann kam aus dem Osterlande, und zahlreiche Thüringer Fürsten zogen heran und brachten in Sonneborn viele Wagen mit Lebensmitteln zusammen, ohne dass Eisenachs Bürger etwas davon wussten. Plötzlich standen sie vor Eisenach, fuhren mit den Wagen über den Sengelsbach, an der Kartause vorüber und zur Wartburg hinauf, während am Wege 336 geharnischte Edle, alle mit gekrönten Helmen, Wache hielten.

Dazu kamen noch Mannschaften, die die Wagen umgaben, die Tore der Stadt im Auge hielten und die Feinde auf der Eisenacher Burg bei jedem Ausfall zurückschreckten. So wurde die Wartburg gespeist und bemannt. Anschließend begann man, die Eisenacher zu bedrängen. Ihr Vieh wurde vor den Toren weggefangen und auf die Wartburg getrieben. Wen die Besatzung und die umherstreifenden Reisigen des Landgrafen von den Gegnern fingen, der wurde erschlagen und verstümmelt.

Auch der Graf von Weilnau wurde gefasst, als er von der Frauenburg aus am Heiligen Abend in die Stadt zur Messe gehen wollte; er starb später im Gefängnis auf der Wartburg.

Gerade in dieser Zeit starb in Leipzig der Markgraf Diezmann durch die Hand eines Meuchelmörders. Sein Bruder Friedrich der Freidige hatte mit den Edlen seines Landes und dem König noch manchen Strauß auszufechten. Am härtesten aber hatte es die Eisenacher getroffen. Von allen Seiten wurden sie bedrängt, dass sie keinen Ausweg mehr wussten, als flehende Briefe an den König zu schreiben. Der König ließ antworten, dass sich die Grafen und Freien im Lande Thüringen seinem Willen zu unterwerfen hätten, denn das Land sei dem Reiche verkauft und sie müssten dem Reiche Folge leisten.

Die Antwort der Fürsten gefiel dem König gar nicht, denn die thüringischen Herren schrieben, dass sie ihrem rechtmäßigen Herren helfen und ihm die Treue halten würden, wie es auch ihre Vorfahren getan hätten. Der König geriet darüber sehr in Zorn und wollte wieder mit Heeresmacht in Thüringen einfallen. Schon reiste er im Reiche umher, um seine Untertanen zu einer neuen großen Heerfahrt zu bewegen, kam jedoch nicht mehr dazu, seinen Plan zu verwirklichen, da er von seinem Neffen, Johann von Schwaben, ermordet wurde.

Als die Kunde von dem Kaisermord nach Eisenach kam, zerrann die Hoffnung der Eisenacher. Sie fragten nun die Herren von Frankenstein und Creuzburg um Rat, was sie in dieser ausweglosen Situation tun könnten. Diese rieten ihnen, sich mit ihrem Herren zu versöhnen, ihn zu bitten, nach Eisenach zu kommen, um ihm einen gebührenden Empfang machen zu können. Und so geschah es auch. Am St. Maria Magdalenentag des Jahres 1308 versammelten sich des Landgrafen Freunde und Feinde in Eisenach, um ihm zu huldigen. Mit großem Zeremoniell wurde die Urkunde des Friedensschlusses ausgefertigt und mit den vielen Siegeln der Herren Thüringens beglaubigt. Die Eisenacher gelobten, das Schloss Klemme wieder aufzubauen und richteten dem Landgrafen vor dem Predigertore ein herrliches Fest aus. Der Markt war in dieser Zeit verwaist. Eine halbe Elle hoch stand auf ihm das Gras, so wenig Verkehr war in der Stadt.

Als Friedrich vom Tode seines Bruders erfuhr, zog er eiligst nach Sachsen, wo die Feinde, die des Königs Ruf dort versammelt hatte, schon seiner harrten. Als ihm vor der Schlacht bei Lucka, in der er die Schwaben vernichtend schlug, der Rüstmeister den Helm aufband, soll er freudig und freidig ausgerufen haben:

„Heut' binde ich auf Meißen,
Thüringen und Pleißen,
Und alles, was meiner Eltern je gewart.
Gott helfe mir auf dieser Fahrt!

„An der Straße nach Vacha" – Blick zur Wartburg

Der vorlaute Rat

In Eisenach wohnte ein Mann, Albrecht Knut, der war des Landgrafen Albrechts vertrauter Rat gewesen und hatte viel Macht im Lande, und was er mit seinen Freunden haben wollte, das musste geschehen. Dieser hatte sich, nachdem Landgraf Albrecht genötigt war, seinen Wohnsitz in Erfurt aufzuschlagen, der Partei des sieghaften Friedrich zugewandt und half diesem und seinen Verbündeten mit seinem Rat und seinen Listen gegen den König und alle anderen Feinde. Daher meinte er, im Lande so mächtig zu sein, dass er Amtleute nach eigenem Willen bestellen könne, und führte diese Eigenmächtigkeit auch durch, ja er wollte sogar auf eigene Faust Burgen erbauen lassen. Als nun der Landgraf selbst nach Eisenach kam, um Vögte über Thüringen zu bestellen, bemerkte er die Eigenmächtigkeit Knuts. Da er dies aber nicht dulden wollte, verwahrte er sich bei dem Rat dagegen. Doch Albrecht Knut antwortete vorlaut: „Herr, ich habe Euch dazu verholfen, wieder Herr in Eurem eigenen Land zu werden, ich finde auch einen Weg, Euch wieder loszuwerden, wenn ich kann." Darauf antwortete der Landgraf: „Dagegen werde ich mich schon wehren, wenn ich kann!" Dann ließ er ihn greifen und ihm den Kopf abschlagen.

In dieser Zeit kam einmal ein großes Unwetter über Eisenach, und der Blitz schlug in die Wartburg ein und verbrannte den mittleren Turm und das Dach des Palas. Das Feuer vernichtete auch die oberen Zimmer mit vielen wertvollen Gerätschaften sowie viele schöne Gemälde und viele Wappen der Städte und Fürsten, die auf die Täfelung der Wände gemalt waren. Das Blei des Daches schmolz, und so wurde das Dach später mit

Ziegeln gedeckt. Das prächtige Schloss lag in der Mitte des Landes, als Thüringen und Hessen noch zusammengehörten. Nun lag die Wartburg am Rande des Landes, und sein edler Berg war den Fürsten zu hoch geworden.

Wie der junge Landgraf Friedrich sich zum Ritter schlagen lässt

Als Landgraf Friedrich der Freidige starb, hinterließ er einen Sohn, der auch Friedrich hieß und später den Beinamen „der Ernsthafte" erhielt. Dieser erbaute unterhalb der Wartburg auf Anraten der Grafen von Käfernburg und Schwarzburg ein Kloster zu Ehren der heiligen Elisabeth an der Stelle, wo die tugendsame und milde Fürstin ihre Almosen auszuteilen pflegte und die Siechen heilte. Er selbst und seine Frau Mechthild, Tochter Kaiser Ludwigs des Bayern, setzten den Grundstein der Kirche, die er mit sechs Barfüßermönchen besetzte, welche er von der Wartburg aus speisen ließ.

Im gleichen Jahr rüstete der junge Landgraf eine Heerfahrt nach England aus, um König Eduard II. zu helfen, der im Krieg mit Frankreich lag. Viele wackere und gut berittene Herren folgten ihm, darunter viele junge Knappen, die sich in diesem Kampfe ihre Sporen verdienen wollten. Als sie nun die ritterlichen Taten vollbracht hatten, wollte der König mit anderen Fürsten, die ihm auch zu Hilfe geeilt waren, dem Landgrafen und seinen jungen Mannen den Ritterschlag erteilen, wie es Brauch war. Da sprach der Landgraf: „Ich will heute von niemand anderem zum Ritter geschlagen werden als von dem, der noch nie geflohen ist." Da fragten ihn die Herren, wer der wäre und wen er meine, worauf Friedrich antwortete: „Das ist der alte Friedrich von Wangenheim." – Dieser war in seiner Jugend thüringischer Landvogt in Gotha gewesen und hatte gegen die Herren von Treffurt gekämpft und sie gefangengenommen. Dieser wurde nun von allen Fürsten und selbst dem Könige vorgezogen und von seinem Herren gebeten, ihm als der Würdigste den Ritterschlag zu erteilen. Diese große Ehre erwies Friedrich vor den Fürsten seinem Lehnsmann, dem frommen und mannhaften Ritter Friedrich von Wangenheim. Am anderen Tag ließ er sich in der Messe zum Ritter segnen, wie es in jener Zeit üblich war. Nachdem er mit seinen Begleitern noch einige Zeit am Hofe verweilt hatte, nahm er Abschied und zog mit den Seinen zurück in die Heimat, reich beschenkt wie seine Gefährten.

Der Prophet Johannes Hilten

Im Eisenacher Barfüßerkloster lebte ein gelehrter und frommer Bruder, Johannes Hilten, der die Gabe der Weissagung besaß und die großen Irrtümer erkannte, die sich in der Kirche eingeschlichen hatten. Er war so kühn, öffentlich von der Kanzel darüber zu sprechen, womit er sich den Zorn und Hass der Mönche und Pfaffen zuzog. Manches prophetische Wort kam aus seinem Munde, das sich später auch erfüllte.

Oft sprach er die Worte: „Es wird im Zeichen des Löwen ein Eremit aufstehen, der mächtig am Stuhl zu Rom rütteln wird." Deshalb und wegen seiner anderen Prophezeiungen wurde Hilten von seinen Oberen endlich in das abscheulichste Gefängnis des Klosters geworfen, um ihn zu einem Widerruf zu zwingen; doch er blieb standhaft, obgleich ihn die verpestete

Kerkerluft krank gemacht hatte. Er ließ den Guardian seines Klosters rufen und bat ihn um einen besseren, erträglicheren Aufenthaltsort; aber dieser herrschte ihn mit harten Worten an und zeigte kein Erbarmen. Da sprach der Kranke mit fester Stimme: „In fünfzehn Jahren wird sich ein Held erheben, der euch Mönche scharf anfassen wird, den könnt ihr nicht fesseln und binden!" Dann starb der fromme und zuversichtliche Mann.

Zu jener Zeit ging ein armer Knabe zu Eisenach in die Schule und ersang sein Brot in der Kurrende vor den Türen der Bürger. Und als fünfzehn Jahre vergangen waren, trat aus dem Augustinerkloster zu Wittenberg ein Augustinermönch und schlug seine fünfundneunzig Thesen gegen den Ablass an die Türe der Schlosskirche. Es war der Knabe, der einst in Eisenach gesungen hatte, der Held, den Johannes Hilten prophezeit hatte, und der Löwe war Papst Leo X.

Junker Jörg

Das Wahrzeichen der Wartburg ist ein steinerner Drache, der einen kaiserlichen Boten verschlingt. Dieser ist noch über dem Eingang in das alte Ritterhaus zu sehen. So fehlte auch der Wartburg ihr sieghafter Drachentöter nicht.

Einst wurde mitten in der Nacht ein gefangener Ritter in die Burg gebracht, der ermüdet war vom langen Ritt. Aber er bezog nicht das Gefängnis, sondern wurde in einem Zimmer der Vogtei untergebracht. Zwei Edelknaben wurden zu seiner Bedienung angestellt. Er wurde Junker Jörg genannt und vor den Besuchern der Burg versteckt gehalten; sogar ein Herzog, der mit

Martin Luther als Junker Jörg. Holzschnitt nach Lucas Cranach

Begleitung auf die Wartburg kam, bekam ihn weder zu
sehen noch zu hören. Zuweilen jedoch ging oder ritt
der fromme Junker unter der ständigen Obhut eines
getreuen reisigen Knechtes auch aus der Burg hinaus. Er las und schrieb sehr viel; das schien ihm mehr
Freude zu bereiten als Reiten und Jagen.

Oft zog es ihn auch hinaus in die Natur, wo er den
Vögeln lauschte, ein Buch las oder mit lauter Stimme
ein selbstgedichtetes Lied sang. Später, als die Gefahr
für ihn außerhalb der Mauern der Wartburg nicht mehr

so groß war, ritt er sogar in andere Städte Thüringens, wie Gotha, Erfurt, Jena, Marksuhl oder nach Reinhardsbrunn, immer aber sein treuer Knecht bei ihm, darauf achtgebend, dass der Junker nicht seine Gelehrsamkeit durch seinen Eifer offenbarte.

Sehr fleißig saß der Junker Jörg über seinen Büchern und arbeitete an der neuen, geläuterten Glaubenslehre. Dabei störte ihn oft ein unheimliches Gepolter und Gerumpel; zur Nachtzeit raschelte es sogar in einem Sack Nüsse, den man ihm geschenkt hatte, so dass der Junker alsbald bemerkte, dass der Teufel ihn bei der Arbeit stören wollte.

Als der Junker Jörg eines Abends wieder über der Bibel saß und sie ins Deutsche übersetzte, ärgerte sich der Teufel darüber, dass er sich nicht von der Arbeit ablenken ließ, und begann, ihn nun in Gestalt einer Fliege in einem fort surrend zu umkreisen. Das trieb der Teufel so lange, bis der Junker das Tintenfass ergriff, das ihm am nächsten stand, und damit nach dem Teufel warf, worauf er Ruhe hatte. Wer der Junker Jörg auf der Wartburg war, weiß in Thüringen jedes Kind.

Seine Stube, seinen Stuhl und seinen Tisch kann man dort noch sehen; der Tintenfleck, wenn er einmal da war, ist es jedenfalls heute nicht mehr.

Lutherstube auf der Wartburg

Mönch und Nonne

Gerade gegenüber der Wartburg, ganz nahe dem öden Platze, an dem einst die Burg Metilstein stand, sieht man zwei eigentümliche Felsbildungen, die seit alter Zeit den Namen Mönch und Nonne führen, von denen man sich folgende Sage erzählt:

In einem Kloster der Stadt Eisenach lebte ein junger Mönch, in einem anderen eine Nonne; die waren in inniger Liebe verbunden. Weil aber die Klosterregel die irdische Liebe streng verbot und die beiden Liebenden voneinander fernhielt, suchten sie sich heimlich zu treffen und ihres Herzens Sehnsucht zu befriedigen.

Eines Abends enteilten sie, ihrer Verabredung gemäß, den dumpfen Mauern ihrer Klöster und erstiegen den Berg, auf dem der Metilstein in Trümmern lag. An dieser verborgenen Stelle tauschten sie manche Zärtlichkeit und konnten sich nicht wieder voneinander trennen.

Noch heute stehen sie dort beieinander und werden immerdar so stehen, denn ihre liebenden Herzen erkalteten und erstarrten zu Stein, weil sie ihr Gelübde gebrochen hatten. Sie wurden zur Warnung für Andere in jene Felskolosse verwandelt, die noch immer die Namen Mönch und Nonne führen. Wer sie von weitem betrachtet, dem wird es scheinen, als neigten sie sich einander zu, um Kuss um Kuss zu tauschen, und es fehlt nicht an Dichtern, die dieses steinerne Liebespaar im Liede besungen haben.

Die verfluchte Jungfrau und der Fuhrmann

Im schönen Mariental bei Eisenach findet sich am Fuße der Frauenburg, gerade gegenüber der Wartburg, eine Felsenhöhle mit einem schmalen Eingang; dieselbe ist fast rund und nur wenig geräumig, eine Kluft führt in ihr wie ein Schornstein in die Höhe. Diese Höhle ist in der ganzen Gegend als das Loch der verfluchten Jungfer bekannt, von der man auch die folgende Sage erzählt:

Zu Eisenach gab es einst eine Jungfrau von großer Schönheit mit goldgelbem Haar, die sehr stolz war und nicht müde wurde, sich zu putzen und ihr Haar mit einer goldenen Bürste zu kämmen, wobei sie Gottesdienst und Gebet vergaß. Aber da ihre fromme Mutter sie trotz aller Ermahnungen und Bitten nicht von der Eitelkeit der Welt abzubringen vermochte, verwünschte sie die Tochter in übertriebenen Eifer in jene Höhle. Alle sieben Jahre wird die verfluchte Jungfer einmal sichtbar; dann sieht man sie in prächtigen Seidengewändern, von ihren goldenen Haaren umweht, weinend und klagend ihre Erlösung ersehnend. Einst trug es sich zu, dass ein Fuhrmann die Straße von Eisenach daherkam und oben auf der Höhe jemanden niesen hörte. Treuherzig, wie er war, rief er: „Helf Gott!" und als sie abermals nieste und dann noch neunmal hintereinander, sagte er jedes Mal sein „Helf Gott".

Als es aber zum zwölften Male nieste, wurde er ärgerlich und rief: „Nun, wenn dir Gott nicht hilft, so helfe dir ein anderer!" Da seufzte die Jungfrau tief auf und verschwand wieder in ihrer Felsenhöhle. Wenn der Fuhrmann nur noch einmal sein „Helf Gott" gesagt hätte, wäre die Jungfrau erlöst worden. Vor der Höhle befindet sich ein Platz, auf dem kein Gras wächst, weil sich dort die verfluchte Jungfer öfter hinsetzt. In der Höhle vernimmt man oft ein Rauschen, wie von einem entfernten Bächlein; das soll von ihren vielen Tränen kommen, die sie vergießt, weil sie verflucht wurde.

„Mönch und Nonne" am Metilstein

Mariental, „Das verfluchte Jungfernloch"

Nachwort

„Ist auch Thüringen nur ein Theil des großen deutschen Vaterlandes, so liegt es doch in Deutschlands
Herzen und hat guten deutschen Kern. Seine Mythen-
und Sagenwelt ist poesievoll und bedeutsam, klangvoll
und unsterblich. Möge sie stets gute Gönner und treue
Pfleger finden!" So Ludwig Bechstein im Vorwort seiner im Jahre 1858 herausgegebenen Sagensammlung
im Thüringer Sagenbuch.

Warum der Meininger Bibliothekar neben den zahlrei-
chen Märchen, die er der Nachwelt überbrachte, eine
solch umfangreiche Sagensammlung überlieferte und
sorgsam bewahrte, mag wohl an der Tatsache liegen,
dass man Märchen auch heute noch schreiben kann,
sie existieren als Kunstform weiter, Sagen jedoch ent-
stehen nicht mehr. Die Zeit, in der sie entstanden, ist
vorbei, und nur in ihr hatten sie einen Nährboden.
Und so ist es nicht verwunderlich, dass vor und nach
Ludwig Bechstein viele Sagensammlungen, gerade des
Landes Thüringen, erschienen.

Gleichzeitig aber sind Sagen auch bodenständiger,
haben einen Bezug zu Landschaft, Personen und
Orten und sind mit chronikalischen Geschehnissen
verknüpft. Im vorliegenden Bändchen sind sie sogar
mit nur einem Bauwerk, der Wartburg, einer allerdings
geschichts- und damit auch sagenträchtigen Burg, der
mittelalterlichen deutschen Burg schlechthin, verbunden.

Die Sagen der Wartburg nun sind in hohem Maße auch
verbunden mit dem Chronisten Johannes Rothe, einem
Creuzburger, der zwischen 1350 und 1360 geboren
wurde, dort auch die Klosterschule des Augustiner-
Nonnenklosters St. Jakob besuchte, wo er sich die
Basis seines umfangreichen Wissens aneignete.

Im Jahre 1387 ist Johannes Rothe als Priester in Eisenach nachweisbar. 1394 wird er an der Kirche „Unserer lieben Frauen" und 1397 an der Georgenkirche als „vicar" bezeugt. Er bekleidete von 1384 bis 1397 den Posten eines Ratsschreibers und tritt 1397 als „notarius" auf. Auch am landgräflichen Hofe war Rothe als Kaplan der Landgräfin Anna tätig. Horst Schmidt fasste Rothes Schaffen treffend zusammen: „Rothes Schaffen ist vielschichtig. Er stellte 10 Jahre lang Rechtsbücher für die Stadt Eisenach zusammen. Quellen der Rechtssammlungen waren die sogenannten Eisenacher Gerichtsläufe, das Meißner Rechtsbuch, das Stadtrecht des Landgrafen Albrecht von 1283, Sachsenspiegel, Schwabenspiegel und andere. Die juristischen Prosaschriften seiner Stadtschreiberjahre sind nicht mehr vollständig und in ihrer ursprünglichen Form erhalten. Neben seinen Amtsgeschäften als notarius schuf Rothe in dieser Zeit auch eine umfangreiche Lehrdichtung, die sich durch sein ganzes Leben hinzog und das wesentliche Fundament seiner Schriftstellerei war. Außer dem Lehrgedicht „Das Lob der Keuschheit" sind hier besonders seine Ratsgedichte zu nennen, die bislang kaum bekannt gewesen sind. Sie zeigen Rothe als scharfsichtigen Kritiker menschlicher Verfehlungen und sozialer Übelstände, der auch fürstliche Übergriffe zu geißeln sich nicht scheute. Doch die mit didaktischer Tendenz konzipierten Ratsgedichte zeigten wenig Wirkung im Kreise des Eisenacher Rates und des landgräflichen Hofes.

Rothes nicht allzu hoch zu veranschlagendes poetisches Talent hat ihn jedoch im Ritterspiegel, der um 1415 entstanden sein mag, ein Werk von kulturgeschichtlicher Bedeutung zuwege bringen lassen.

Johannes Rothes Schaffensperiode sind zuzurechnen drei Redaktionen der Düringischen Chronik, das poetische Fragment der sogenannten Passion und das Reimwerk vom Leben der heiligen Elisabeth. Gerade die drei Prosachroniken dienten der Thüringischen Chronistik bis weit in die Neuzeit hinein als Quellen, aus denen zum Beispiel auch die bekannten Chroniken von Konrad Stolle und Wiegand Gerstenberg geschöpft haben. Die früheste zwischen 1414 und 1417 anzusetzende sogenannte Eisenacher Chronik schildert knapp geschichtliche Ereignisse der Stadt Eisenach. Rothe ließ es dabei nicht bewenden, sondern schuf noch zwei inhaltlich beachtenswerte Chroniken. Um 1418 entstand die „Thüringische Landeschronik", ein bislang ungedrucktes Werk, in dem mancherlei Creuzburger und Eisenacher Ortstraditionen mit enthalten sind. Es ist bezeichnend für den Fleiß und die Energie des bereits alten Mannes, der sich seiner Alterssichtigkeit wegen den eigenen Aussagen zufolge:

Es czitern mir die hende,
Die synne sint mir worden laß,
Die vor mir warn behende,
Nue muß ich schriben durch ein glas.
(Prolog zur Landeschronik, Strophe 13)

des Lesesteines, eines Vorläufers der Brille, bedienen musste, dass er bereits im Jahre 1421 auch noch seine Thüringische Weltchronik vollenden konnte, die Rochus von Liliencron 1859 veröffentlicht hat. Diese letzte Chronik stellt eine vielfach veränderte und ins Universalgeschichtliche ausgeweitete Bearbeitung der vorangegangenen Chronik dar, will nicht mehr nur von „*wundirn der herschaft von Doringen*" berichten, sondern auch von dem, „*waz bebiste, keisser haben gethan*", als Weltgeschichte bieten.

Das Werk hatte Roth der Landgräfin Anna gewidmet, die aufgrund der Unfähigkeit ihres Gemahls die thüringische Politik lenkte.

Man kann mit Fug und Recht von Rothe sagen, dass er durch seinen stetigen Fleiß und sein bis in das hohe Alter rastloses Schaffen nicht nur eine umfassende Kenntnis der thüringischen Geschichte besessen, sondern diese auch für die Geschichtsschreibung und für die Menschen in verständliche Worte zu fassen gewusst hat.

Ohne die immense Bedeutung seiner Rechtswerke gesondert zu würdigen, sei aber auch der Hinweis auf seine Leistung für die deutsche Sprache gegeben, denn immerhin sind fast alle seine Werke unter Zugrundelegung auch aller damals bekannten lateinischen Quellen und Unterlagen zur thüringischen Geschichte deutsch geschrieben.

Noch weit wichtiger als die Ortskenntnis des Mannes, dessen Würdigung wir vorstehend erfuhren, ist wohl die zeitliche Nähe zu den Ereignissen, denen die Wartburgsagen zugrunde liegen.

Als seine hauptsächlichste und zum überwiegenden Teil einzige Quelle wird von Liliencron die „historia de landgraviis des Eccardus" angesehen. Es wird durch die neuere Forschung nachgewiesen, dass auch Rothe Veränderungen und Ausschmückungen vornahm, ja sogar Ereignisse, die in keinem Zusammenhang mit den tatsächlichen Vorgängen standen, in seine Chronik überführte.

Trotzdem wird man, von Rothe aus vorwärtsschauend, immer wieder auf Rothe stoßen. So auch Liliencron, der bemerkte: „liegt es vor, aus welchen Quellen seine Erzählung fließt, dann wird, was er ausmalend seinen Quellen hinzufügt, für die kritische Forschung werthlos, und ebenso sind die Erfindungen der späteren Historiker gerichtet, so bald man erkennt, dass mittelbar oder unmittelbar immer wieder nur Rothe hinter ihnen steht."

Das wiederum legt nun den Verdacht nahe, dass, gerade in Bezug auf die Wartburgsagen, die immer eine besondere Anziehungskraft besaßen, befassten sie sich doch mit den Landesherren und in hohem Maße in der Person der Heiligen Elisabeth mit einer herausragenden Persönlichkeit, die Sagen weniger von Generation zu Generation weitererzählt, sondern weitergeschrieben wurden.

Bereits das Gründungsdatum der Wartburg ist, wie auch andere Autoren feststellen, sagenhaft. Der erste, der überhaupt eine Nachricht über sie als Zeitgenosse des 11. Jahrhunderts bringt, ist der Sachse Bruno, der berichtet, dass König Heinrich IV. bald nach der Schlacht bei Flarchheim geflohen sei, und Ludwig (jener, der später den Beinamen der Springer erhielt) habe ihn auf verborgenen Wegen durch den Wald geführt. Kurz danach soll sich sein ebenfalls zur Flucht gezwungenes Heer (bei einer gewissen Burg, die Wartberg genannt wird) zum Ausruhen niedergelassen haben. Sonst ist über die Wartburg im 11. Jahrhundert nichts zu erfahren.

Die Frankensteiner, denen das Gebiet gehört haben soll, weiß Rothe schon um das Jahr 490 vor Ort. Er schreibt: „In den gezeiten dornoch butewen ouch die mage desselben herren vonn Franckenstein eyn sloss bey Ysenach gelegen, das nannten sie den Mittelsteyn, umbe das der bergk mitten zwuschen funf landen gelegen ist, zwuschen Doringen Francken Buchen Hessen unde Sachssen ader dem Eichssfelde, die lant alle bey eyner myle ader bey eyner halben doran stossen. do was weder Yssenache noch Warperbergk.", wobei er mit dem letzten Satz sicher recht hatte.

Die Sage, deren Quintessenz die Erbauung der Kirche St. Georgen als Erfüllung eines Gelöbnisses war, lässt ebenfalls den Chronisten irren, denn Landgraf Ludwig hätte dies Gelöbnis niemals einlösen müssen, da er nicht wie Rothe berichtete siegte, sondern in Gefangenschaft geriet. Auch der Sängerkrieg auf der Wartburg, bezeichnenderweise mit dem Adjektiv „sagenhaft" versehen, kann somit nicht als gesichert angesehen werden. Mehrere der agierenden Personen sind allerdings nachweisbar und mit hoher Wahrscheinlichkeit in dieser Zeit am Eisenacher Landgrafenhof anwesend gewesen. Allerdings kann die Kulturhöhe des Landgrafenhofes unter Hermann als erwiesen gelten, sind doch aus dieser Zeit einige Beispiele präsent, wie Wolfram von Eschenbachs „Parsival", von dem Teile am thüringischen Landgrafenhof entstanden, oder „Willehalm", das als Auftragswerk Landgraf Hermanns I., zumindest am Beginn, zu gelten hat. Walther von der Vogelweide, der wohl bekannteste Lyriker seiner Zeit, weilte mehrmals am Eisenacher Hof. Tannhäuser, der sehr bald schon im Zusammenhang mit der Frau Venus zur Sagengestalt wurde, war schließlich der Ausgangspunkt für Richard Wagners gleichnamige Oper.

Bei Rothe taucht niemals die Frage nach der eigentliche normalen Erbfolge nach dem Tode Landgraf Hermanns I. auf. Er übersieht einfach, dass das Kind Elisabeth zunächst mit Hermann, den erstgeborenen Sohn, verlobt war und erst nach dessen frühem und sonderbaren Tod (man sprach von Mord) mit dessen Bruder Ludwig verlobt und später verheiratet wurde.

Polack („Die Landgrafen von Thüringen") erzählt noch von verschiedenen anderen Szenen, die sich nach Elisabeths Tod abspielten, ja einem richtigen Kult, der sich der Reliquien bediente, die sie hinterließ: „Ihre Gebeine wurden unzählige Male zu Wunderszenen in Bewegung gesetzt; ihren Hirnschädel nahmen die Brüder des Deutschen Ordens sehr häufig zu ersprießlichen Einkünften aus dem Sarg und ließen ihn wundertätiges Öl ausschwitzen, das sie verkauften. Außer dem Kopf taten noch Gegenstände aus ihrer Lebenszeit Wunder bis in spätere Jahrhunderte herab, besonders der Becher und Löffel, Gürtel und ihre Tasche. Alljährlich zu Pfingsten wurden diese Reliquien von den Franziskanern in feierlicher Prozession von der Wartburg nach der Klosterkirche getragen. Der Wunderglaube an diese Dinge gibt sich in verschiedenen Dokumenten der hohenzoller'schen Archive aus der Mitte des 15. Jahrhunderts kund. Die Gemahlin Albrecht Achill's sendete gewöhnlich in den Tagen ihrer hohen Schwangerschaft Boten nach Weimar, um sich für ihre glückliche und sichere Entbindung Kopf und Becher, Gürtel und Tasche der heiligen Elisabeth zu erbitten…" Auch: „Als die Kurfürstin Anna von Brandenburg am Charfreitag 1474 zu Ansprach einer Tochter genesen war, sandte Albrecht Achill die Reliquien an Herzog Wilhelm von Weimar mit dem innigsten Danke und der Bemerkung zurück, dass seine Gemahlin die Kraft der Heilthümer scheinbarlich zu glücklicher schneller Geburt empfunden habe. Aus Dankbarkeit habe sie deshalb viel Weins in den Kopf gießen, dann deselben in neue Gefäße fassen lassen, welcher armen Frauen in gleicher Lage zur Genesung mitgeteilt werden möchte…" Der Guardian des Franziskanerklosters in Eisenach verlangte 1491 die Reliquien, die Albrechts Frau abermals in Verwahrung hatte zurück, um sie wieder auf der Wartburg niederlegen zu können. Der Kopf wurde also als Weinbehälter, der Becher als wirkliches Trinkgefäß benutzt und der Gürtel und die Tasche wohl während der Schwangerschaft getragen… Die Gegenstände sind im Strome der Zeit verschwunden. Landgraf Philipp der Großmütige von Hessen ließ 1536 aus protestantischem Eifer die Gebeine der heiligen Elisabeth entfernen; der Kopf fand sich nicht im Grabe, sondern in der Sacristei, um ihn leichter verwenden zu können. Übrigens gab es deren mehrere..." Es wäre also nicht abwegig gewesen, hätte Elisabeths Mantel bei den Barfüßern als Messgewand Dienst getan.

Widersprüchliche Meinungen gibt es im Falle der Beinamen Friedrichs, der einmal als Friedrich mit der gebissenen Wange, oder einfach als der Gebissene und einmal als Friedrich der Freidige entgegentritt. Polack gibt ihm gar den Namen der „Freudige", da er stets freudig zur Schlacht schritt. Er erzählt, dass Friedrich den Namen „der Gebissene" erst hundert Jahre nach seinem Tode erhalten habe. Diese Frage kann wohl noch nicht eindeutig beantwortet werden.

In dem späteren Landgrafen Albrecht mit dem Beinamen der Unartige dürfen wir einen despotischen und unnachgiebigen Herrscher sehen, der sich nicht allzu viel um ritterliche Werte scherte. Auch der sagenhafte Mordversuch an seiner Frau Margarethe soll wohl in diese Richtung deuten, genau wie sein Verhältnis mit Kunigunde von Eisenberg. Andererseits hat er sich aber bei der Herausbildung der Städteverfassungen in seiner Landgrafschaft große Verdienste erworben, hatte er damit doch die feudalen Grundbesitzer in ihre Schranken gewiesen und den Städten größere Freiheiten eingeräumt, was auch zum Aufblühen derselben führte. Für die Landgrafschaft hatte die Stadtwillkür Eisenachs Vorbildrolle, von ihr mussten die städtischen Verfassungen anderer Orte der Landgrafschaft in ihren hauptsächlichsten Punkten abgeleitet werden. Von Rothe wissen wir ja bereits, dass er gerade auf diesem Gebiet tätig war und fast sein ganzes Leben an der Weiterentwicklung der Stadtwillküren arbeitete. Dies sei hier noch einmal besonders erwähnt, auch wenn die den Städten zuerkannten Freiheiten recht bescheiden waren.

Soviel zu den widersprüchlichen Meldungen, die aus den verschiedenen Überlieferungen an uns Heutige überkommen sind.

Und so steht am Beginn einer neuerlichen Herausgabe eines Sagenbändchens wiederum die Frage, ob man diese lesen, verarbeiten, auf ihren tatsächlichen Wahrheitsgehalt überprüfen und neu erzählen oder die Vorhandenen behutsam modernisieren und trotz ihrer Widersprüche so wie bisher weitertragen soll. Wir haben uns für das zweite entschieden.

Karlheinz Büttner

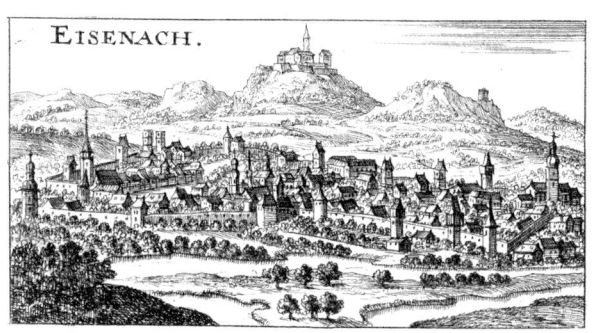

EISENACH.

Literatur

Bechstein, Ludwig: Thüringer Sagenbuch. Erster Band. Wien und Leipzig. C. A. Hartlebens Verlags-Expedition. 1858.

Richter, J. W. Otto: Deutscher Sagenschatz. I. Abtheilung. Sagen des Thüringer Landes. 2. Heft. Eisleben 1877. Verlag von Otto Mehnert.

Liliencron, Rochus v.: Thüringische Geschichtsquellen. Dritter Band: Düringische Chronik des Johann Rothe. Names des Vereines für thüringische Geschichte und Altherthumskunde. Jena, Friedrich Frommann. 1859.

Richter-Heimbach, Arthur: Thüringens Sagenschatz. Erster Band. Sagen von Eisenach und der Wartburg, dem Hörselberg, Reinhardsbrunn und der Ruhl. Ludwig Bechstein und anderen nacherzählt und neu herausgegeben. Zweite Auflage. Quedlinburg. Verlag von Hermann Schwanecke. o. J.

Cronica sant Elisabeth ztu Deutsch... des Dietrich von Apolda gedruckt von Matthes Maler, Erfurt 1520, diverse Holzschnitte.

Thüringer Sagen. Für die Jugend ausgewählt von Karl Brüger, Karl und Otto Götze: Dürr`s Sammlung Deutscher Sagen. Verlag von Hegel & Schade in Leipzig. o. J.

Büttner, Karlheinz (Hsg.): Heimatblätter zur Geschichte Kultur und Natur. Folge 20. Juli 1992. Kostenlose Beilage zur Eisenacher Presse. Darin: Horst Schmidt, Johannes Rothe aus Creuzburg, Thüringens bedeutendster Chronist.

Thüringer Sagen: Gesammelt und herausgegeben von Paul Quensel. Verlegt bei Eugen Diederichs in Jena 1926.

Geschichte Thüringens zur Zeit des ersten Landgrafen-hauses (1039-1247) von Theodor Knochenhauer: Mit Anmerkungen herausgegeben von Karl Menzel. Gotha: Friedrich Andreas Perthes. 1871.

Vaterlandskunde oder historisch-topographisch-statistische Bemerkungen über die Stadt Eisenach und ihre nächsten Umgebungen, nach einer hierzu entworfenen Tabelle des ganzen Fürstenthums. Nebst einem Anhange. Für Freunde der vaterländischen Geschichte und Geographie bearbeitet von Johann Heinrich Mey, Quartus und französischem Sprachlehrer am Großherzogl. Gymnasium. Eisenach 1821. In des Verfassers eigenem Verlage.

Thüringer Heimatbücherei: Herausgeber: Dr. phil. Julius Kober. Band 15. Friedrich Henning. Kleine Geschichte Thüringens. 1964. Verlag Dr. L. Nonnes Erben, Würzburg.

Wenig, Ernst Karl: Es sagt aus alten Tagen. Greifenverlag zu Rudolstadt. 4. Auflage 1977.

Strenge, Karl Friedrich v. und Dr. Ernst Devrient: Thüringische Geschichtsquellen. Neue Folge. Sechster Band. Die Stadtrechte von Eisenach, Gotha und Waltershausen. Jena, Gustav Fischer 1909.

Bildnachweis

Cronica sant Elisabeth ztu Deutsch... des Dietrich von
Apolda gedruckt von Matthes Maler, Erfurt 1520
(diverse Holzschnitte)

Viehburg, Wartburg und Metilstein, Kupferstich aus: Johann
Michael Koch. Historische Erzählung von dem Hoch-Fürstl.
Sächs. berühmten Berg-Schloß und Festung Wartburg ob
Eisenach, Eisenach 1710. (Seite 1)

Wilhelm Richter, Die Wartburg von Osten, gestochen 1690,
Privatbesitz. (Seite 8)

Das Rosenwunder, Holzstich aus Sancta Elisabeth von
Kanne & Hansen, Verlag von Georg Wigand, Leipzig um
1875
(Seite 43)

Die Burg Klemme, Zeichnung von Friedrich Adolph
Hoffmann, um 1750 (Seite 69)

„An der Straße nach Vacha" – Blick zur Wartburg; kolorierte
Aquatintaradierung (Seite 75)

Lucas Cranach d. Ä., Luther als Junker Jörg, Kopie,
Lutherhaus Eisenach. (Seite 80)

Lutherstube auf der Wartburg, Tonlithographie
von Th. Rotbart, um 1880 (Seite 81)

Mönch und Nonne, kolorierte Aquatintaradierung
von Carl Wolff von Todtenwarth (Seite 84)

Mariental, „Das verfluchte Jungfernloch" Lithographie
von Georg Melchior Kraus (Seite 84)

Eisenach, Kupferstich aus: Der getreue Reis-Gefert (1686)
(Seite 93)

Ansicht der Wartburg an der Kleinen Hollunder von Georg
Melchior Kraus 1799 (Titelbild, erste Umschlagseite)

Am Maedel-Stein, von Georg Melchior Kraus 1793
(Umschlag Rückseite)